身近なことから学ぶ

基礎中国語

王学群・佐々木俊雄 著

白帝社

本書の音声について

本書で♪マークがついた部分の中国語は、音声データ（MP3）をダウンロードして聞いてください。ファイルはZIP形式で圧縮された形でダウンロードされ、無料でご利用いただけます。

吹込：凌慶成・容文育

「白帝社　　身近なことから学ぶ基礎中国語」で検索、または下記サイトにアクセスしてください。

https://www.hakuteisha.co.jp/news/n51384.html

※各機器と再生ソフトに関する技術的なご質問は、各メーカーにお願いいたします。

はじめに

本書は「発音編」と「基礎編」からなる初級教科書です。

発音編では中国語の母音・子音と声調の説明をシンプルにまとめ、聞き取りなどの練習問題を設けています。中国語発音のいくつかの規則は学習者が勉強しやすいように発音編の後ろにまとめて配置しました。

基礎編は様々な場面を設定して普段の生活でよく使われる言葉を学べるようにしており、全部で12課の日常会話から構成されています。第10課までが週1コマ1年間の授業で扱うことを目標としたもので、残りの2課は進度の速いクラスのための予備用に作成したものです。

各課は“生词”、“会话”、“小知识”、“语法”、“练习”で構成されています。到達度をいつでもチェックできるように、各課に練習問題を用意し、巻末には“课外作业”も設けました。その日の授業内容を短時間で確認できる内容になっておりますので、復習用として活用してください。また、“小知识”では各課に関係した補充語句を挙げており、学習内容を一層深めることができます。さらに、教授用資料には語法の知識を定着させるための作文練習問題も用意しています。

本書のもう1つの特徴は各課の登場人物が異なることです。これにより、学習者は日本人と中国人の名前の読み方に多く接することができます。

本書をご選択いただきました先生方から忌憚のないご意見を頂ければ幸甚に存じます。

最後に、本書の出版にあたり多大なご支援を賜りました白帝社前社長佐藤康夫氏ならびに編集の段階において多大な時間と労力を費やしてくださった岸本詩子様を始めとする編集部の皆様に心から感謝の意を表します。

2023年1月　著者

目　次

はじめに　…………………………………… 3

発音編　…………………………………… 6

1．音節
2．声調（四声）
3．母音（1）　単母音
4．子音（1）　唇音・舌尖音
5．母音（2）　複母音
6．子音（2）　舌根音・舌面音
7．母音（3）　鼻母音
8．子音（3）　そり舌音・舌歯音
母音一覧表、子音一覧表
9．軽声
10．声調変化
11．[r] 化
12．声調記号のつけ方
13．隔音記号（'）
総合練習

品詞名について　……………………………… 14

基礎編

第1课　吃早饭　…………………………… 15
1．人称代詞
2．動詞述語文 ―― S ＋ V ＋ O
3．疑問を表す“吗”
4．否定を表す“不”
5．数詞
小知识――问候语／姓名の尋ね方

第2课　这是什么？　……………………… 20
1．指示代詞（1）
2．判断を表す“是”
3．連体修飾の“的”
4．疑問詞疑問文
5．副詞“也”
小知识――十二属相

第3课　去大学　…………………………… 25
1．省略疑問文の“呢”
2．年月日・曜日
3．時刻
4．時量
5．名詞述語文
小知识――时间用语（1）

第4课　你现在在哪儿？　………………… 30
1．指示代詞（2）
2．存在・所在を表す文
3．形容詞述語文
4．前置詞の“离”
5．前置詞の“从／到”
小知识――教室用语

第5课　你有没有妹妹？　………………… 35
1．所有を表す“有”
2．反復疑問文
3．“的”の省略
4．主述述語文
5．語気助詞の“吧”
小知识――家庭成员

第6课　买小说　…………………………… 40
1．連動文
2．動作の進行を表す“正在、在、呢”
3．前置詞の“在”
4．助動詞の“会”「～できる」
5．助動詞の“想”
小知识――时间用语（2）

第7课　换手机　…………………………… 45
1．動詞の後ろの“了”
2．動作の重ね型
3．選択疑問文
4．助動詞の“能”「～できる」
5．数量・時量の位置
小知识――手机用语

第8课　去天安门广场　…………………… 50
1．文末の“了”
2．助動詞の“可以”「～できる、～してよい」

3．経験を表す“过”
4．禁止を表す“别”と“不要”
5．形容詞＋“极了”
小知识——中国世界遗产

第 9 课　看电影 ………………………… 55
1．比較を表す“比”
2．助動詞の“要”
3．様態補語
4．限定語となる動詞と形容詞
5．全否定表現
小知识——电影、动漫、游戏用语

第 10 课　几点来的? …………………… 60
1．“是～的”
2．二重目的語をとる動詞
3．前置詞の“给”
4．近未来表現
5．結果補語
小知识——出国旅游用语

第 11 课　过中秋节 …………………… 65
1．方位詞
2．持続を表す“着”
3．可能補語
4．受身文
5．疑問詞の不定を表す用法
小知识——节日用语

第 12 课　包饺子 ……………………… 70
1．方向補語と複合方向補語
2．“把”構文
3．使役文
4．時間の早さ・数量の少なさを表す“就”
5．“一…就～”
小知识——饺子的种类

◆ 語句索引 ……………………………… 76
◆ 日本語からひく語句索引 …………… 83
◆ 日本の都道府県 ……………………… 91
◆ 中国語音節表 ………………………… 92
◆ 中国全図 ……………………………… 94

◆◆ 巻末—课外作业

発音編

1. 音節

音節は原則として子音と母音から構成される。ひとつの漢字はひとつの音節で表され、音節の頭にくるのは子音で、その他の部分は母音である。また、漢字の発音表記は中国式ローマ字綴りの“拼音（ピンイン）”を用いる。

音節構成図

hao	h	ao
	子音	母音

♪ A02

2. 声調（四声）

声調とは、四つのアクセントのことで、「四声」とも言う。声調記号は「ˉ ˊ ˇ ˋ」を用い、それを母音の上に表記する。

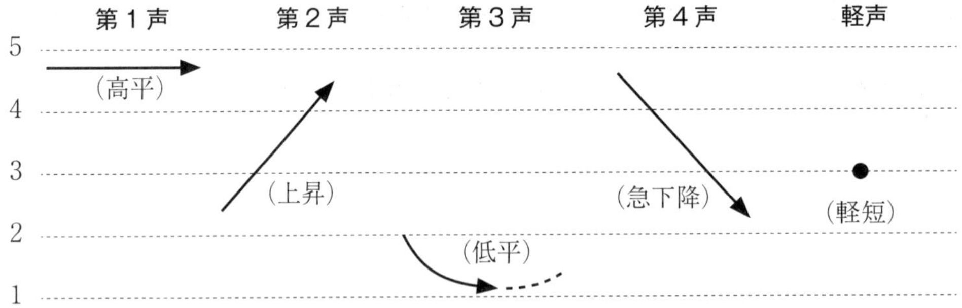

ā	á	ǎ	à	a
（第１声）	（第２声）	（第３声）	（第４声）	（軽声）
mā	má	mǎ	mà	
（母）	**（麻）**	**（馬）**	**（罵る）**	

♪ A03

練習　次の中国語の発音を聞いて、（　　）に声調記号を書きなさい。

小（　　　　　）　来（　　　　　）　妹（　　　　　）　茶（　　　　　）

大（　　　　　）　心（　　　　　）　走（　　　　　）　吃（　　　　　）

A04
3. 母音（1） 単母音

a	o	e	i	u	ü	er
			(yi)	(wu)	(yu)	

a　「ア」よりもっと口を大きく開ける。

o　「オ」よりやや唇を丸めて突き出す。

e　唇をやや横に引いて、舌全体を奥にゆっくり引きながら「ウ」と「オ」の間ぐらいの音を出す。

i　「イ」より唇を左右に引く。

u　唇を丸く突き出して「ウ」。

ü　唇を“u”のままにして「イ」。

er　“e”の発音から舌先を上にそらせて音を出す。

＊（　）内は i u ü が単独でひとつの音節をなす場合の表記方法。

練習

A05
1）次の母音を発音しなさい。

ā　wù　yǐ　ěr　é　ō　yù

á　èr　yī　yǔ　wú　ēr　ē

A06
2）音声を聞いて、母音と声調を書きなさい。

(1)　(2)　(3)　(4)　(5)

(6)　(7)　(8)　(9)　(10)

A07
4. 子音（1） 唇音・舌尖音

唇《シン》 音《オン》	b (o)	p (o)	m (o)	f (o)
舌尖音《ゼッセンオン》	d (e)	t (e)	n (e)	l (e)

練習

A08
1）次の子音と母音と声調の組み合せを発音しなさい。

bà　pà　mǎ　dǎ　tā　nǐ　ná　lè

bù　pò　mǐ　fú　dé　tǐ　fù　lǐ

A09

2) 音声を聞いて、空欄に子音を記入しなさい。

(1) (　　) à　(2) (　　) ǎ　(3) (　　) ǐ　(4) (　　) ù

(5) (　　) ā　(6) (　　) á　(7) (　　) á　(8) (　　) ā

(9) (　　) á　(10) (　　) ì

A10

5. 母音 (2) 複母音

複母音には三つのタイプがある。いずれも、前の母音から後ろの母音へ滑らかにひとまとまりの音を出す。

>型二重母音（前をやや強く発音する）

ai	ei	ao	ou

<型二重母音（後ろをやや強く発音する）

ia	ie	ua	uo	üe
(ya)	(ye)	(wa)	(wo)	(yue)

< >型三重母音（真ん中をやや強く発音する）

uai	uei	iao	iou
(wai)	(wei)	(yao)	(you)

* uei、iou の前に子音がつく場合、ui、iu のように綴る。たとえば、diū 丢、duì 对。
* (　) 内は それぞれ単独でひとつの音節をなす場合の表記方法。

練習

A11

1) 次の子音と母音と声調の組み合せを発音しなさい。

bǎi　tiē　yà　niú　lüè　bǎo　ài　fēi

lǎo　piào　tuī　yǒu　dōu　tuò　lèi　wǎ

A12

2) 音声を聞いて、空欄に母音・声調を記入しなさい。

(1) b (　　)　(2) d (　　)　(3) t (　　)　(4) n (　　)

(5) d (　　)　(6) t (　　)　(7) p (　　)　(8) l (　　)

(9) m (　　)　(10) f (　　)

A13

6. 子音（2） 舌根音・舌面音

舌根音《ゼッコンオン》	g (e)	k (e)	h (e)
舌面音《ゼツメンオン》	j (i)	q (i)	x (i)

＊ ü の前に子音の j 、q 、x がつく場合は、u と綴る。たとえば、qù 去、xū 需。

練習

A14

1）次の子音と母音と声調の組み合せを発音しなさい。

gē	kuò	hǎi	jiā	qǐ	xiē	guó	kǒu
hái	jiè	qù	xiě	gào	hǎo	xué	huí

A15

2）音声を聞いて、空欄に子音を記入しなさい。

(1)（　　）è　(2)（　　）ǎo　(3)（　　）iā　(4)（　　）ǎ

(5)（　　）ēi　(6)（　　）ià　(7)（　　）iě　(8)（　　）uó

(9)（　　）uí　(10)（　　）iào

7. 母音（3） 鼻母音

前鼻音［-n］：舌先を上の歯茎のほうにつけ、鼻の先へ息がいくように音を出す。

A16

an	en	ian	in	uan	uen	üan	ün
		(yan)	(yin)	(wan)	(wen)	(yuan)	(yun)

＊ uen の前に子音がつく場合は、un と綴る。たとえば、kùn 困。

後鼻音［-ng］：舌先を歯茎につけないで鼻の上へ息がいくように音を出す。

A17

ang	eng	iang	ing	uang	ueng	ong	iong
		(yang)	(ying)	(wang)	(weng)		(yong)

練習

A18

1）次の子音と母音と声調の組み合せを発音しなさい。

kàn　dōng　jiān　běn　jiāng　tǐng　fán　fáng　duàn

quán　kàng　máng　diǎn　qǐng　wèng　wáng　děng　xìng

qún　lùn　mín　xióng

A19

2）音声を聞いて、空欄に母音と声調を記入しなさい。

(1) f (　　)　(2) d (　　)　(3) t (　　)　(4) n (　　)

(5) d (　　)　(6) f (　　)　(7) d (　　)　(8) x (　　)

(9) x (　　)　(10) t (　　)

A20

8. 子音（3）　そり舌音・舌歯音

そり舌音《ジタオン》	zh (i)	ch (i)	sh (i)	r (i)
舌歯音《ゼッシオン》	z (i)	c (i)	s (i)	

練習

A21

1）次の子音と母音と声調の組み合せを発音しなさい。

zhuō　chuò　zài　cǎo　shéi　sè　rì

zhàn　chén　zuò　shǎo　sù　rè　cāng

A22

2）音声を聞いて、空欄に子音を記入しなさい。

(1) (　　) ài　(2) (　　) ài　(3) (　　) ǎng　(4) (　　) ǎng

(5) (　　) uì　(6) (　　) ān　(7) (　　) ān　(8) (　　) éi

(9) (　　) én　(10) (　　) éng

母音一覧表

単母音	a o e i u ü er
複母音	ai ei ao ou ia ie ua uo üe uai uei iao iou
鼻母音	an en ian in uan uen üan ün ang eng iang ing uang ueng ong iong

子音一覧表

	無気音	有気音	その他		
唇　音	b	p	m	f	(o)
舌尖音	d	t	n	l	(e)
舌根音	g	k	h		(e)
舌面音	j	q	x		(i)
そり舌音	zh	ch	sh	r	(i)
舌歯音	z	c	s		(i)

A23

9. 軽声

本来の声調を発音せず、軽く短く発音する。

gēge 哥哥　　shénme 什么　　wǒmen 我们　　mèimei 妹妹　　zhuōzi 桌子

10. 声調変化

A24

1)“不 bù”の場合

“不”のあとに 4 声が続くと 2 声に変わる。

bú yào 不要　　bú shì 不是　　bú zuò 不做　　bú mài 不卖

A25

2)“ 一 yī ”の場合

① “一”のあとに 1 声、2 声、3 声が続くと 4 声に変わる。

一张 yì zhāng　　一盒 yì hé　　一本 yì běn

② “一”のあとに 4 声が続くと 2 声に変わる。

一块 yí kuài　　一件 yí jiàn　　一辆 yí liàng

A26

3）第 3 声の場合

① 3 声＋ 3 声の場合、前の 3 声は 2 声になる。

Nǐ hǎo! 你好！　shǒubiǎo 手表　shuǐguǒ 水果　shǒuzhǐ 手纸

② 3 声＋ 1、2、4、軽声の場合、前の 3 声は半三声（低いままの音）になる。

lǎoshī 老师　wǎngqiú 网球　yǎnjìng 眼镜　nǐmen 你们

A27

11. [r] 化

単語によっては、アル（er）化する現象がある。ピンイン表記では最後に［r］をつけ、漢字の後ろには“儿”をつける。

huà 画	→	huàr 画儿	gē 歌	→	gēr 歌儿
diǎn 点	→	diǎnr 点儿	yí kuài 一块	→	yí kuàir 一块儿
kòng 空	→	kòngr 空儿	shì 事	→	shìr 事儿

12. 声調記号のつけ方

原則：母音の上につける。

細則：単母音はその上に。たとえば、bù 不　hē 喝

複母音は（1）a があればその上、たとえば、zǎo 早　hào 号

（2）a がなければ e か o の上に、たとえば　guò 过　shéi 谁

（3）ui、iu は後ろのほうにつける。たとえば、huí 回　jiǔ 酒

A28

13. 隔音記号（’）

“a o e”で始まる音節が後置されるときに、その前の音節との切れ目をはっきりさせるために用いられる。

Xī’ān 西安	yīn’àn 阴暗	pí’ǎo 皮袄
xiàn 献	yínán 疑难	piào 票

総合練習

A29

1） 無気音と有気音に注意して発音しなさい。

b (o) － p (o)　　d (e) － t (e)　　g (e) － k (e)

j (i) － q (i)　　zh (i) － ch (i)　　z (i) － c (i)

A30

2） 音声を聞いて、空欄に子音または母音・声調を記入しなさい。

(1) (　　) ài　　(2) (　　) ū　　(3) d (　　)　　(4) g (　　)

(5) l (　　)　　(6) (　　) ǎo　　(7) j (　　)　　(8) sh (　　)

(9) ch (　　)　　(10) x (　　)

A31

3） 次の単語を発音しなさい。

hǎo 好　　shì 是　　tiān 天　　fàng 放　　hē 喝　　chī 吃

nǐ 你　　liù 六　　shí 十　　biǎo 表　　shū 书　　shǒu 手

shuí 谁　　guà 挂　　zài 在　　jiā 家　　kǒu 口　　xièxie 谢谢

māma 妈妈　　bàba 爸爸　　gēge 哥哥　　Běijīng 北京　　Shànghǎi 上海

A32

4） 音声を聞いて、子音・母音・声調を書きなさい。

(1)　　(2)　　(3)　　(4)

(5)　　(6)　　(7)　　(8)

(9)　　(10)

品詞名について

全称（日本語）	全称（中国語）	略称
名詞	名词	名
動詞	动词	動
形容詞	形容词	形
副詞	副词	副
代(名)詞	代词	代
方位詞	方位词	方
感嘆詞	叹词	感
数詞	数词	数
助数詞	量词	量
接続詞	连词	接
接辞	词缀	接辞
助詞	助词	助
前置詞	介词	前
助動詞	助动词	助動

第1课 Dì yī kè　吃早饭 Chī zǎofàn

A33

生词 Shēngcí

- ☐ 吃　chī　動　食べる
- ☐ 早饭　zǎofàn　名　朝ご飯
- ☐ 早上　zǎoshang　名　朝
- ☐ 好　hǎo　形　よい
- ☐ 你　nǐ　代　あなた、きみ
- ☐ 喝　hē　動　飲む
- ☐ 茶　chá　名　茶
- ☐ 吗　ma　助　か
- ☐ 我　wǒ　代　私、僕
- ☐ 牛奶　niúnǎi　名　牛乳
- ☐ 面包　miànbāo　名　パン
- ☐ 油条　yóutiáo　名　（中国の細長い）揚げパン
- ☐ 不　bù　副　～（し）ない
- ☐ 豆浆　dòujiāng　名　豆乳
- ☐ 张月　Zhāng Yuè　名　張月
- ☐ 李新　Lǐ Xīn　名　李新

A34-1
ゆっくり

会话 Huìhuà

A34-2
ふつう

❖ 張月さんと李新さんの朝食時の会話

张月： 早上 好！
Zǎoshang hǎo!

李新： 早上 好！
Zǎoshang hǎo!

张月： 你 喝 茶 吗？
Nǐ hē chá ma?

李新： 我 喝 牛奶。
Wǒ hē niúnǎi.

张月： 你 吃 早饭 吗？
Nǐ chī zǎofàn ma?

李新： 吃。我 吃 面包。
Chī. Wǒ chī miànbāo.

张月： 我 吃 油条。
Wǒ chī yóutiáo.

李新： 你 喝 牛奶 吗？
Nǐ hē niúnǎi ma?

张月： 我 不 喝 牛奶，喝 豆浆。
Wǒ bù hē niúnǎi, hē dòujiāng.

A35

小知识 Xiǎo zhīshi ——问候语 Wènhòuyǔ

早上好！	Zǎoshang hǎo!	おはよう！
你早！	Nǐ zǎo!	おはよう！
您早！	Nín zǎo!	おはようございます！
你好！	Nǐ hǎo!	こんにちは！
您好！	Nín hǎo!	こんにちは！
你们好！	Nǐmen hǎo!	皆さんこんにちは！
晚上好！	Wǎnshang hǎo!	こんばんは！
晚安！	Wǎn'ān!	おやすみなさい！

语法 Yǔfǎ

A36

1. 人称代詞

	一人称	二人称	三人称
単数	我 wǒ	你 nǐ　您 nín	他 tā　她 tā　它 tā
複数	我们 wǒmen　咱们 zánmen	你们 nǐmen	他们 tāmen　她们 tāmen　它们 tāmen

A37

2. 動詞述語文

S + V + O

我看电视。Wǒ kàn diànshì.

他们学习汉语。Tāmen xuéxí Hànyǔ.

看 kàn [動] 見る

电视 diànshì [名] テレビ

学习 xuéxí [動] 学習する

汉语 Hànyǔ [名] 中国語

A38

3. 疑問を表す "吗"

文末に用いてYes/No疑問文を作る

你吃早饭吗？ Nǐ chī zǎofàn ma?

你喝红茶吗？ Nǐ hē hóngchá ma?

红茶 hóngchá [名] 紅茶

A39
4. 否定を表す“不”

S + “不” + V + O

她不喝咖啡。Tā bù hē kāfēi.

他不去北京。Tā bú qù Běijīng.

咖啡 kāfēi 名 コーヒー

去 qù 動 行く

北京 Běijīng 名 北京

A40
5. 数詞

一 yī　二 èr　三 sān　四 sì　五 wǔ　六 liù　七 qī　八 bā　九 jiǔ　十 shí

十一 shíyī　十二 shí'èr …… 十九 shíjiǔ　二十 èrshí

二十一 èrshiyī　二十二 èrshi'èr …… 二十九 èrshijiǔ　三十 sānshí

九十一 jiǔshiyī　九十二 jiǔshi'èr …… 九十九 jiǔshijiǔ　一百 yìbǎi

一千 yìqiān　一万 yíwàn　一亿 yíyì

练习 Liànxí

A41

1. 音声を聞いて空欄を埋めなさい。

(1) 簡体字（　　　　　）ピンイン（　　　　　）

(2) 簡体字（　　　　　）ピンイン（　　　　　）

(3) 簡体字（　　　　　）ピンイン（　　　　　）

(4) 簡体字（　　　　　）ピンイン（　　　　　）

2. [　] 内の語句を意味が通るよう並べ替えなさい。

(1) [吃／油条／我们／。]

(2) [吗／你／豆浆／喝／？]

3. 次の文を否定文にしなさい。

(1) 她看电视。

（2）我们去美国。　　（美国 Měiguó 名 アメリカ）

4. 次の日本語を中国語に訳しなさい。

（1）私はお茶を飲みます。

（2）あなたは中国に行きますか。　　（中国 Zhōngguó 名 中国）

（3）彼はパンを食べない。

小知识 Xiǎo zhīshi ——姓名の尋ね方

您 贵姓？ —— 我 姓 李。
Nín guìxìng? —— Wǒ xìng Lǐ.
（あなたのお名前（苗字）は？——私は李と申します。）

你 叫 什么 名字？ —— 我 叫 李 新。
Nǐ jiào shénme míngzi? —— Wǒ jiào Lǐ Xīn.
（あなたのお名前は何とおっしゃいますか？——私は李新と申します。）

贵姓 guìxìng 名 お名前（姓を尋ねるときに使う）
姓 xìng 動（姓を）～という
叫 jiào 動（フルネームを）～という
什么 shénme 代 どんな、何という
名字 míngzi 名 名前、フルネーム

第 2 课 Dì èr kè　这是什么？ Zhè shì shénme?

生词 Shēngcí

A42

☐ 这 zhè 代 これ、この

☐ 是 shì 動 （～は）…である

☐ 什么 shénme 代 何、何の

☐ 手机 shǒujī 名 携帯、スマートフォン、スマホ

☐ 那 nà 代 あれ、あの、それ、その

☐ 信用卡 xìnyòngkǎ 名 クレジットカード

☐ 也 yě 副 も

☐ 不 bù 感・副 いいえ；～（では）ない

☐ 图书卡 túshūkǎ 名 図書館の利用者カード

☐ 谁 shuí/shéi 代 だれ

☐ 的 de 助 の

☐ 铅笔 qiānbǐ 名 鉛筆

☐ 同学 tóngxué 名 クラスメート、同級生

☐ 她 tā 代 彼女

☐ 田中 Tiánzhōng 名 田中

☐ 东京人 Dōngjīngrén 名 東京の人

☐ 赵奇 Zhào Qí 名 趙奇

☐ 王唯 Wáng Wéi 名 王唯

A43-1 A43-2

会话 Huìhuà

❖ 在日中国人２世の趙奇さんと王唯さんの中国語会話練習

赵奇：这　是　什么？
Zhè shì shénme?

王唯：这　是　手机。
Zhè shì shǒujī.

赵奇：那　是　什么？
Nà shì shénme?

王唯：那　是　信用卡。
Nà shì xìnyòngkǎ.

赵奇：这　也　是　信用卡　吗？
Zhè yě shì xìnyòngkǎ ma?

王唯：不，那　是　图书卡。
Bù, nà shì túshūkǎ.

赵奇：这　是　谁　的　铅笔？
Zhè shì shéi de qiānbǐ?

王唯：是　李　新　的。
Shì Lǐ Xīn de.

赵奇：李　新　是　你　的　同学　吗？
Lǐ Xīn shì nǐ de tóngxué ma?

王唯：不，他　是　田中　的　同学。
Bù, tā shì Tiánzhōng de tóngxué.

赵奇：田中　是　东京人　吗？
Tiánzhōng shì Dōngjīngrén ma?

王唯：她　不　是　东京人。
Tā bú shì Dōngjīngrén.

A44

小知识 Xiǎo zhīshi ——十二属相 Shí'èr shǔxiàng

〇鼠 shǔ（ねずみ）、牛 niú（うし）、虎 hǔ（とら）、兔 tù（うさぎ）、龙 lóng（たつ）、蛇 shé（へび）、马 mǎ（うま）、羊 yáng（ひつじ）、猴 hóu（さる）、鸡 jī（にわとり）、狗 gǒu（いぬ）、猪 zhū（日本では「いのしし」、中国では「ぶた」）

〇十二支 Shí'èr zhī：子 zǐ（ね）、丑 chóu（うし）、寅 yín（とら）、卯 mǎo（う）、辰 chén（たつ）、巳 sì（み）、午 wǔ（うま）、未 wèi（ひつじ）、申 shēn（さる）、酉 yǒu（とり）、戌 xū（いぬ）、亥 hài（い）

〇你属什么？ Nǐ shǔ shénme? ——我属马。Wǒ shǔ mǎ.

语法 Yǔfǎ

A45

1. 指示代詞（1）

近称	遠称	疑問（不定）
これ／この　それ／その	あれ／あの	どれ／どの
这 zhè 这个 zhège（zhèige）	那 nà 那个 nàge（nèige）	哪 nǎ 哪个 nǎge（něige）

A46

2. 判断を表す“是”

“是”は「（～は）…である」という意味で、前後の事柄を結びつける

肯定文：A ＋“是”＋ B　　否定文：A ＋“不是”＋ B

我是日本人。Wǒ shì Rìběnrén.

我不是中国人。Wǒ bú shì Zhōngguórén.

日本人 Rìběnrén 名 日本人

中国人 Zhōngguórén 名 中国人

A47

3. 連体修飾の“的”

～＋“的”＋名詞「～の…」

这是我的课本。Zhè shì wǒ de kèběn.

那是小王的书包。Nà shì xiǎo Wáng de shūbāo.

课本 kèběn 名 教科書

小 xiǎo 接辞 ～くん、～さん（自分と同年代以下の親しい人の一字の姓の前に付ける）

王 Wáng 名 王（苗字）

书包 shūbāo 名 かばん

A48
4. 疑問詞疑問文

“什么”「何」、“哪个”「どれ、どの」、“谁”「誰」

尋ねたい箇所に置く。文末に“吗”は付けない

这是什么？ Zhè shì shénme?

你是哪个大学的学生？ Nǐ shì něige dàxué de xuésheng?

大学 dàxué 名 大学

学生 xuésheng 名 学生

A49
5. 副詞“也”

「～も」 動詞の前に置く

他也是学生。Tā yě shì xuésheng.

我也去北京。Wǒ yě qù Běijīng.

练习 Liànxí

A50
1. 音声を聞いて空欄を埋めなさい。空欄 1 つに漢字 1 文字が入る。

(1) 我（　）（　）（　），他（　）（　）（　）（　）。

(2) 她（　）（　）（　）（　）（　）。

2. 表の単語を用い、あなた自身について肯定文と否定文を 1 つずつ作りなさい。

小学生 xiǎoxuéshēng	中学生 zhōngxuéshēng	大学生 dàxuéshēng
日本人 Rìběnrén	中国人 Zhōngguórén	美国人 Měiguórén

（小学生 xiǎoxuéshēng 名 小学生、中学生 zhōngxuéshēng 名 中高生（日本の中学生と高校生に相当する）、大学生 dàxuéshēng 名 大学生、美国人 Měiguórén 名 アメリカ人）

(1)「私は～です。」

----

(2)「私は～ではありません。」

----

3. [　] 内の語句を意味が通るよう並べ替えなさい。

(1) [你／什么／吃／？]

(2) [是／手机／的／那／谁／？]

4. 次の日本語を中国語に訳しなさい。

(1) 彼はアメリカ人ではありません。

(2) あれは私の教科書です。

(3) あなたは何を飲みますか。

第3课 Dì sān kè　去大学 Qù dàxué

A51

生词 Shēngcí

- □ 今天　jīntiān　[名]　今日
- □ 去　qù　[動]　行く
- □ 大学　dàxué　[名]　大学
- □ 月　yuè　[名]　月
- □ 号　hào　[名]　日
- □ 星期三　xīngqīsān　水曜日
- □ 呢　ne　[助]　～は？
- □ 下午　xiàwǔ　[名]　午後
- □ 几　jǐ　[代]　いくつ、いくら
- □ 几点　jǐ diǎn　何時
- □ 两点一刻　liǎng diǎn yí kè　2時15分（※序数には“二”を用いるが、時刻の2時には“两”を用いる）
- □ 上午　shàngwǔ　[名]　午前
- □ 干　gàn　[動]　する、やる
- □ 学(习)　xué(xí)　[動]　勉強する、習う
- □ 日语　Rìyǔ　[名]　日本語
- □ 多长时间　duōcháng shíjiān　（時間的に）どのぐらい
- □ 两个小时　liǎng ge xiǎoshí　2時間（※数量の2には“两”を用いる）
- □ 那　nà　[感]　では、じゃあ
- □ 刘伟　Liú Wěi　[名]　劉偉
- □ 陈冬　Chén Dōng　[名]　陳冬

A52-1

会话 Huìhuà

A52-2

❖ 同じアパートに住んでいる日本留学中の劉偉さんと陳冬さんの大学に行くかどうかをめぐっての会話

刘伟： 陈 冬，今天 你 去 大学 吗？
Chén Dōng, jīntiān nǐ qù dàxué ma?

陈冬： 今天 六 月 十八 号，星期三，我 不 去，你 呢？
Jīntiān liù yuè shíbā hào, xīngqīsān, wǒ bú qù, nǐ ne?

刘伟： 我 下午 去。
Wǒ xiàwǔ qù.

陈冬： 下午 几 点 去？
Xiàwǔ jǐ diǎn qù?

刘伟： 两 点 一 刻。
Liǎng diǎn yí kè.

陈冬： 你 上午 干 什么？
Nǐ shàngwǔ gàn shénme?

刘伟： 上午 学习 日语。
Shàngwǔ xuéxí Rìyǔ.

陈冬： 学习 多长 时间？
Xuéxí duōcháng shíjiān?

刘伟： 两 个 小时。
Liǎng ge xiǎoshí.

陈冬： 那，上午 我 也 学 日语。
Nà, shàngwǔ wǒ yě xué Rìyǔ.

♪ A53

小知识 Xiǎo zhīshi ——时间用语（1） Shíjiān yòngyǔ（yī）

大前天 dàqiántiān（一昨々日）、前天 qiántiān（一昨日）、昨天 zuótiān（昨日）、今天 jīntiān（今日）、明天 míngtiān（明日）、后天 hòutiān（明後日）、大后天 dàhòutiān（明々後日）
凌晨 língchén（夜明け）、早上 zǎoshang（朝）、上午 shàngwǔ（午前）、中午 zhōngwǔ（昼）、下午 xiàwǔ（午後）、傍晚 bàngwǎn（夕方）、晚上 wǎnshang（夜）、深夜 shēnyè（深夜）

语法 Yǔfǎ

♪ A54

1. 省略疑問文の“呢”

～＋“呢”？「～は？」

我喝咖啡，你呢？ Wǒ hē kāfēi, nǐ ne?

我去图书馆，你们呢？ Wǒ qù túshūguǎn, nǐmen ne?

图书馆 túshūguǎn 名 図書館

2. 年月日・曜日

♪ A55

【年・月・日】

一九七四年 yījiǔqīsì nián

二〇二三年 èrlíng'èrsān nián

一月 yī yuè　二月 èr yuè　…　十二月 shí'èr yuè

一号 yī hào　二号 èr hào　…　三十号 sānshí hào

三十一号 sānshiyī hào

今天几月几号？ Jīntiān jǐ yuè jǐ hào?

年 nián 名 ～年
月 yuè 名 ～月
号 hào 名 ～日
星期 xīngqī 名 ～曜日

♪ A56

【曜日】

星期一 xīngqīyī　星期二 xīngqī'èr　…

星期六 xīngqīliù

星期天（日） xīngqītiān（rì）　星期几 xīngqījǐ

♪ A57

3. 時刻

“～点…分”「～時…分」（「…分」が一桁の場合は“零（〇）”を付ける）

“差…分～点”「～時に…分前」

一点零八分 yì diǎn líng bā fēn

点 diǎn 名 ～時
分 fēn 名 ～分
差 chà 動 足りない
刻 kè 名 15 分間
半 bàn 名 30 分間

两点十分 liǎng diǎn shí fēn
三点十五分 sān diǎn shíwǔ fēn
三点一刻 sān diǎn yí kè
四点半 sì diǎn bàn
四点四十五分 sì diǎn sìshiwǔ fēn
四点三刻 sì diǎn sān kè
差五分六点 chà wǔ fēn liù diǎn
现在几点？ Xiànzài jǐ diǎn?

现在 xiànzài 名 現在

♪A58 4. 時量

時間量は目的語の前に置く

一分钟 yì fēnzhōng　两分钟 liǎng fēnzhōng
三十分钟 sānshí fēnzhōng　半个小时 bàn ge xiǎoshí
一个小时 yí ge xiǎoshí　两个小时 liǎng ge xiǎoshí
一天 yì tiān　两天 liǎng tiān
一个星期 yí ge xīngqī　一个月 yí ge yuè
一年 yì nián
我每天学习两个小时汉语。
Wǒ měitiān xuéxí liǎng ge xiǎoshí Hànyǔ.

分钟 fēnzhōng 名 ～分間
小时 xiǎoshí 名 ～時間
天 tiān 名 ～日間
星期 xīngqī 名 ～週間
月 yuè 名 ～か月間
年 nián 名 ～年間
每天 měitiān 名 毎日

♪A59 5. 名詞述語文

年月日・曜日・時刻・年齢などを表す文において“是”は省略される。ただし、否定文では省略できない

今天六月一号。Jīntiān liù yuè yī hào.
我今年十九岁。Wǒ jīnnián shíjiǔ suì.
今天不是星期五。Jīntiān bú shì xīngqīwǔ.

岁 suì 量 ～歳
今年 jīnnián 名 今年

练习 Liànxí

A60

1. 音声を聞いて空欄を埋めなさい。空欄 1 つに漢字 1 文字が入る。

(1)（　　）月（　　）号

(2)（　　）月（　　）（　　）号

(3)（　　）点（　　）（　　）（　　）分

(4)（　　）点（　　）（　　）分

(5)（　　）（　　）点（　　）刻

(6) 差（　　）分（　　）（　　）点

2. 次の質問に答えなさい。

(1) 今天几月几号？

(2) 今天星期几？

(3) 现在几点？

3. 次の日本語を中国語に訳しなさい。

(1) 今日は水曜日です。

(2) 現在 11 時 15 分です。

(3) 私は毎日テレビを 1 時間見ます。

第4课 Dì sì kè　你现在在哪儿？ Nǐ xiànzài zài nǎr?

A61

生词 Shēngcí

□ 现在　xiànzài　名　現在
□ 在　zài　動　ある、いる
□ 哪儿　nǎr　代　どこ
□ 朝阳超市　Cháoyáng Chāoshì　名　朝陽スーパーマーケット
□ 离　lí　前　〜から、〜に
□ 不太　bú tài　あまり〜ない
□ 远　yuǎn　形　遠い
□ 从　cóng　前　〜から
□ 到　dào　前　〜まで
□ 要　yào　動　かかる、必要である
□ 十分钟　shí fēnzhōng　十分間
□ 里面　lǐmiàn　方　中、内側
□ 有　yǒu　動　ある、いる
□ 书店　shūdiàn　名　書店
□ 个　ge　量　個
□ 汉语　Hànyǔ　名　中国語
□ 词典　cídiǎn　名　辞書
□ 那儿　nàr　代　あそこ、そこ
□ 很　hěn　副　とても
□ 贵　guì　形　（値段が）高い
□ 杨红　Yáng Hóng　名　楊紅
□ 吴平　Wú Píng　名　呉平

♪ A62-1 A62-2

会话 Huìhuà

❖ 大学にいる楊紅さんとスーパーで買い物をしている呉平さんとの電話での会話

杨红： 你 现在 在 哪儿？
Nǐ xiànzài zài nǎr?

吴平： 我 在 朝阳 超市。
Wǒ zài Cháoyáng Chāoshì.

杨红： 离 大学 远 吗？
Lí dàxué yuǎn ma?

吴平： 不 太 远。
Bú tài yuǎn.

杨红： 那，从 朝阳 超市 到 大学 要 多长 时间？
Nà, cóng Cháoyáng Chāoshì dào dàxué yào duōcháng shíjiān?

吴平： 十 分钟。
Shí fēnzhōng.

杨红： 里面 有 书店 吗？
Lǐmiàn yǒu shūdiàn ma?

吴平： 有 一 个。
Yǒu yí ge.

杨红： 那儿 有 汉语 词典 吗？
Nàr yǒu Hànyǔ cídiǎn ma?

吴平： 有。
Yǒu.

杨红： 很 贵 吗？
Hěn guì ma?

吴平： 不 贵。
Bú guì.

A63

小知识 Xiǎo zhīshi ——教室用语 Jiàoshì yòngyǔ

同学们好！	Tóngxuémen hǎo!	皆さんおはよう！
老师好！	Lǎoshī hǎo!	先生おはようございます！
请进。	Qǐng jìn.	お入りください。
请坐。	Qǐng zuò.	おかけください。
下面点名。	Xiàmiàn diǎnmíng.	今から点呼をとります。
请念课文。	Qǐng niàn kèwén.	本文を読んでください。
请跟我念。	Qǐng gēn wǒ niàn.	私の後について読んでください。
声音再大一点儿。	Shēngyīn zài dà yìdiǎnr.	もう少し大きな声で。
慢慢儿说。	Mànmānr shuō.	ゆっくり話して。
现在开始上课。	Xiànzài kāishǐ shàngkè.	今から授業を始めます。
我没听懂。	Wǒ méi tīngdǒng.	私は聞いてわからなかった。
请再说一遍。	Qǐng zài shuō yí biàn.	もう一度言ってください。

语法 Yǔfǎ

A64

1. 指示代詞（2）

<table>
<tr><th>近称</th><th>遠称</th><th>疑問（不定）</th></tr>
<tr><td colspan="2">ここ　　そこ　　あそこ</td><td>どこ</td></tr>
<tr><td>这儿 zhèr／这里 zhèli</td><td>那儿 nàr／那里 nàli</td><td>哪儿 nǎr／哪里 nǎli</td></tr>
</table>

A65

2. 存在・所在を表す文

A　存在を表す“有”

場所＋“有”＋人・物（否定は“没有”）

这儿有桌子。Zhèr yǒu zhuōzi.

那儿没有操场。Nàr méiyǒu cāochǎng.

桌子 zhuōzi [名] 机、テーブル

操场 cāochǎng [名] グラウンド

没有 méiyǒu [動] ない

B　所在を表す“在”

人・物＋“在”＋場所（否定は“不在”）

小王在图书馆。Xiǎo Wáng zài túshūguǎn.

小李不在东京。Xiǎo Lǐ bú zài Dōngjīng.

东京 Dōngjīng [名] 東京

A66 3. 形容詞述語文

肯定文では形容詞の前に“很”などの副詞が必要。それがないと比較や対比のニュアンスが生じる。“是”は不要。否定は“不”を用いる

今天很热。Jīntiān hěn rè.

这个贵，那个便宜。Zhèige guì, nèige piányi.

热 rè [形] 暑い

便宜 piányi [形] 安い

A67 4. 前置詞の“离”

遠近の起点を表す

A＋“离”＋B＋～「AはBから～だ」

学校离车站很近。
Xuéxiào lí chēzhàn hěn jìn.

这儿离教室很远。Zhèr lí jiàoshì hěn yuǎn.

学校 xuéxiào [名] 学校

车站 chēzhàn [名] 駅、バス停

近 jìn [形] 近い

教室 jiàoshì [名] 教室

A68 5. 前置詞の“从／到”

「～から／まで…する」

她每天从埼玉县来学校。
Tā měitiān cóng Qíyùxiàn lái xuéxiào.

我（从）六号到八号不去大学。
Wǒ (cóng) lìu hào dào bā hào bú qù dàxué.

埼玉县 Qíyùxiàn [名] 埼玉県

来 lái [動] 来る

练习 Liànxí

A69

1. 音声を聞いて下線を埋めなさい。

(1) ________________ 书。（书 shū [名] 本）

(2) ________________ 医院。（医院 yīyuàn [名] 病院）

(3) 小张 ________________。

(4) 他 ________________。

2. 日本語の意味になるよう下線を埋めなさい。

(1) あの本は高い。（本 běn [量] 冊）

那本书 ________________。

(2) 今日は暑くない。

今天 ________________。

(3) ここからあそこまでどのくらいの時間がかかりますか。

________________ 要多长时间？

3. [ ] 内の語句を意味が通るよう並べ替えなさい。

(1) [学生／很／有／那儿／多／。]（多 duō [形] 多い）

____

(2) [中国／老师／在／不／。]

____

4. 次の日本語を中国語に訳しなさい。

(1) あなたはどこへ行くの。

____

(2) スーパーは駅から近い。

____

(3) これは安いが、あれは高い。

____

第 5 课 Dì wǔ kè　你有没有妹妹？ Nǐ yǒu méiyǒu mèimei?

A70

生词 Shēngcí

□ 没有　méiyǒu　動　ない、持っていない
□ 课　kè　名　授業
□ 你看　nǐ kàn　ほら
□ 天气　tiānqì　名　天気
□ 不错　búcuò　よい、悪くない
□ 北京动物园　Běijīng Dòngwùyuán　名　北京動物園
□ 这个　zhège　代　これ、この
□ 建议　jiànyì　名・動　提案；提案する
□ 走　zǒu　動　歩く、行く
□ 怎么样　zěnmeyàng　代　どうであるか
□ 妹妹　mèimei　名　妹
□ 吧　ba　助　「勧誘・提案、軽い命令、同意を期待した確認、推測」などの語気
□ 对　duì　感　はい
□ 姐姐　jiějie　名　姉
□ 今年　jīnnián　名　今年
□ 岁　suì　量　歳
□ 铃木　Língmù　名　鈴木
□ 高桥　Gāoqiáo　名　高橋

A71-1

会话 Huìhuà

A71-2

❖ 中国留学中の鈴木さんと高橋さんの、授業があるかどうか、北京動物園に行くかどうかなどをめぐっての会話

铃木： 你 今天 去 不 去 大学？
Nǐ jīntiān qù bu qù dàxué?

高桥： 我 今天 没有 课，不 去，你 呢？
Wǒ jīntiān méiyǒu kè, bú qù, nǐ ne?

铃木： 我 也 没有 课。
Wǒ yě méiyǒu kè.

高桥： 你 看，今天 天气 不错。
Nǐ kàn, jīntiān tiānqì búcuò.

铃木： 我们 去 北京 动物园 吧。
Wǒmen qù Běijīng Dòngwùyuán ba.

高桥： 这个 建议 好。
Zhège jiànyì hǎo.

铃木： 那，我们 现在 走，怎么样？
Nà, wǒmen xiànzài zǒu, zěnmeyàng?

高桥： 好。
Hǎo.

（2 人が歩きながら会話を続ける）

高桥： 铃木，你 有 一 个 妹妹 吧？
Língmù, nǐ yǒu yí ge mèimei ba?

铃木： 对。你 有 没有 妹妹？
Duì. Nǐ yǒu méiyǒu mèimei?

高桥： 没有。我 有 一 个 姐姐。
Méiyǒu. Wǒ yǒu yí ge jiějie.

铃木： 我 妹妹 今年 十九 岁，你 姐姐 呢？
Wǒ mèimei jīnnián shíjiǔ suì, nǐ jiějie ne?

高桥： 她 二十 岁。
Tā èrshí suì.

A72

小知识 Xiǎo zhīshi——家庭成员 Jiātíng chéngyuán

○爷爷 yéye・祖父 zǔfù（お爺さん、祖父）、奶奶 nǎinai・祖母 zǔmǔ（お婆さん、祖母）
老爷 lǎoye・外祖父 wàizǔfù（(母方の) お爺さん、祖父)、姥姥 lǎolao・外祖母 wàizǔmǔ（(母方の) お婆さん、祖母)

○爸爸 bàba・父亲 fùqin（父、父親）、妈妈 māma・母亲 mǔqin（母、母親）

○丈夫 zhàngfu（夫）、妻子 qīzi（妻）

○哥哥 gēge（兄）、姐姐 jiějie（姉）、弟弟 dìdi（弟）、妹妹 mèimei（妹）

○儿子 érzi（息子）、女儿 nǚ'ér（娘）

○孙子 sūnzi（孫）、孙女 sūnnǚ（孫娘）、外孙子 wàisūnzi（(母方の) 孫)、外孙女 wàisūnnǚ（(母方の) 孫娘)

语法 Yǔfǎ

A73

1. 所有を表す“有”

主語＋“有”＋目的語（否定は“没有”）

我有两张足球赛门票。
Wǒ yǒu liǎng zhāng zúqiúsài ménpiào.

她没有哥哥。Tā méiyǒu gēge.

张 zhāng 量 平たい面をもつものを数える
足球赛 zúqiúsài 名 サッカーの試合
门票 ménpiào 名 入場券

A74

2. 反復疑問文

（動詞／形容詞／助動詞の）肯定形＋否定形

“不”は軽声

你买不买？ Nǐ mǎi bu mǎi?

这个菜辣不辣？ Zhèige cài là bu là?

买 mǎi 動 買う
菜 cài 名 料理
辣 là 形 辛い

A75

3. “的”の省略

人称代詞＋[家族・親族・人間関係を表す名詞]／[組織名詞]

我爸爸 wǒ bàba　　他妹妹 tā mèimei

我朋友 wǒ péngyou　　我们学校 wǒmen xuéxiào

朋友 péngyou 名 友達

♪ A76

4. 主述述語文

述語の部分がさらに主語と述語に分けられる文

他个子很高。Tā gèzi hěn gāo.

这个电脑质量很好。Zhèige diànnǎo zhìliàng hěn hǎo.

个子 gèzi [名] 背丈
高 gāo [形] 高い
电脑 diànnǎo [名] パソコン
质量 zhìliàng [名] 品質

♪ A77

5. 語気助詞の“吧”

「勧誘・提案、軽い命令、同意を期待した確認、推測」などの語気

咱们去动物园吧。Zánmen qù dòngwùyuán ba.

你也来吧。Nǐ yě lái ba.

她是学生吧。Tā shì xuésheng ba.

练习 Liànxí

♪ A78

1. 音声を聞いて下線を埋めなさい。

(1) ______________________________

(2) ______________________________

(3) ______________________________

(4) ______________________________

2. 日本語の意味になるよう下線を埋めなさい。

(1) 私の家は 4 人家族です。 （家 jiā [名] 家、口 kǒu [量] 家族の人数を数える）

我家有 ______________________________ 人。

(2) 私はボールペンを 5 本持っている。
（枝 zhī [量] 棒状のものを数える、圆珠笔 yuánzhūbǐ [名] ボールペン）

我有 ______________________________ 圆珠笔。

(3) 今日は授業が 2 コマある。 （节 jié [量] いくつかの区切りに分けられるものを数える）

今天有 ______________________________ 。

3. 次の文を反復疑問文にしなさい。

（1）你去吗？

（2）这儿是北京动物园吗？

4. 次の日本語を中国語に訳しなさい。

（1）私には妹が一人います。

（2）私の父は背がとても高い。

（3）私たち食堂に行きましょう。　　（食堂 shítáng 名 食堂）

量詞“张 zhāng”で数えられるもの
—“票 piào”（チケット）、“桌子 zhuōzi”（テーブル）、“床 chuáng”（ベッド）

第6课 Dì liù kè　买小说 Mǎi xiǎoshuō

A79

生词 Shēngcí

□ 星期天 xīngqītiān 日曜日
□ 打工 dǎ//gōng 動 アルバイトをする
□ 跟 gēn 前 ～と
□ 买 mǎi 動 買う
□ 书 shū 名 本
□ 好的 hǎode いいよ
□ 想 xiǎng 助動 ～したい、～したがる
□ 本 běn 量 冊
□ 小说 xiǎoshuō 名 小説
□ 一边 yìbiān～一边 yìbiān… ～しながら…する
□ 看 kàn 動 読む
□ 一起 yìqǐ 副 一緒に
□ 太好了 tài hǎo le 大変いい
□ 在 zài 前 ～で
□ 呢 ne 助 ～している
□ 好像 hǎoxiàng 副 ～のようである、らしい
□ 正在 zhèngzài 副 ちょうど～している
□ 跳 tiào 動 踊る
□ 广场舞 guǎngchǎngwǔ 広場での踊り（人々が健康または趣味のために広場で踊ること）
□ 会 huì 助動 ～できる
□ 佐藤 Zuǒténg 名 佐藤

A80-1

会话 Huìhuà

A80-2

❖ 中国留学中の佐藤さんと田中さんが書店へ小説を買いに行く時の会話

佐藤：你 星期天 去 打工 吗？
Nǐ xīngqītiān qù dǎgōng ma?

田中：不 去。
Bú qù.

佐藤：那，你 跟 我 去 书店 买 书 吧。
Nà, nǐ gēn wǒ qù shūdiàn mǎi shū ba.

田中：好的。买 什么 书？
Hǎode. Mǎi shénme shū?

佐藤：想 买 一 本 汉语 小说。
Xiǎng mǎi yì běn Hànyǔ xiǎoshuō.

田中：汉语 小说？
Hànyǔ xiǎoshuō?

佐藤：我 想 一边 看 汉语 小说，一边 学习 汉语。
Wǒ xiǎng yìbiān kàn Hànyǔ xiǎoshuō, yìbiān xuéxí Hànyǔ.

田中：那，我 也 买 一 本，我们 一起 学习。
Nà, wǒ yě mǎi yì běn, wǒmen yìqǐ xuéxí.

佐藤：太 好 了。
Tài hǎo le.

田中：你 看，他们 在 那儿 干 什么 呢？
Nǐ kàn, tāmen zài nàr gàn shénme ne?

佐藤：好像 正在 跳 广场舞。
Hǎoxiàng zhèngzài tiào guǎngchǎngwǔ.

田中：你 会 跳 吗？
Nǐ huì tiào ma?

佐藤：不 会。
Bú huì.

A81

小知识 Xiǎo zhīshi ——时间用语（2） Shíjiān yòngyǔ (èr)

○大前年 dàqiánnián（一昨々年）、前年 qiánnián（一昨年）、去年 qùnián（昨年）、今年 jīnnián（今年）、明年 míngnián（来年）、后年 hòunián（再来年）、大后年 dàhòunián（明々後年）

○上个星期 shàngge xīngqī（先週）、这个星期 zhège xīngqī（今週）、下个星期 xiàge xīngqī（来週）

○上个月 shàngge yuè（先月）、这个月 zhège yuè（今月）、下个月 xiàge yuè（来月）

语法 Yǔfǎ

A82

1. 連動文

一つの主語が二つ以上の動詞（句）を有する構文形態。前の動詞（句）と後の動詞（句）はその動作・行為の行われる時間順に並べる

她每天坐电车去学校。
Tā měitiān zuò diànchē qù xuéxiào.

我去买东西。Wǒ qù mǎi dōngxi.

坐 zuò [動] 乗る
电车 diànchē [名] 電車
东西 dōngxi [名] 物
买东西 mǎi dōngxi 買い物をする

A83

2. 動作の進行を表す“正在、在、呢”

“（正）在～（呢）”「（ちょうど）～している（ところだ）」

他在看电视。Tā zài kàn diànshì.

我妈妈正在做菜呢。Wǒ māma zhèngzài zuò cài ne.

做 zuò [動] する
做菜 zuò cài 料理をする

A84

3. 前置詞の“在”

“在”＋場所＋～「…で～する」

我哥哥在银行工作。Wǒ gēge zài yínháng gōngzuò.

小李每天晚上在图书馆学习。
Xiǎo Lǐ měitiān wǎnshang zài túshūguǎn xuéxí.

银行 yínháng [名] 銀行
工作 gōngzuò [動] 働く、仕事をする
晚上 wǎnshang [名] 晩

A85 4. 助動詞の“会”「～できる」

学習や訓練を通しての技能的な可能

我会开车。Wǒ huì kāi chē.

她会说德语。Tā huì shuō Déyǔ.

开 kāi 動 運転する

车 chē 名 車

说 shuō 動 話す

德语 Déyǔ 名 ドイツ語

A86 5. 助動詞の“想”

「～したい、～したがる」

我想去中国。Wǒ xiǎng qù Zhōngguó.

他想去超市买面包。Tā xiǎng qù chāoshì mǎi miànbāo.

练习 Liànxí

A87 1. 音声を聞いて下線を埋めなさい。

（1）______________________________

（2）______________________________

（3）______________________________

（4）______________________________

2. 日本語の意味になるよう下線を埋めなさい。

（1）私は北京ダックが食べたい。　（北京烤鸭 Běijīng kǎoyā 名 北京ダック）

我 ______________________________ 北京烤鸭。

（2）彼は音楽を聞きながら勉強します。　（听 tīng 動 聞く、音乐 yīnyuè 名 音楽）

他 ______________ 听音乐 ______________ 学习。

（3）彼女はちょうどピアノを弾いているところです。

（弹 tán 動 弾く、钢琴 gāngqín 名 ピアノ）

她 ______________ 弹钢琴 ______________ 。

3. [ ] 内の語句を意味が通るよう並べ替えなさい。

(1) 我明天［去／跟／一起／饭／我朋友／吃／。］ （饭 fàn 名 ご飯）

---

(2) ［在／足球／他们／踢／操场／。］
（踢 tī 動 蹴る、足球 zúqiú 名 サッカーボール、踢足球 tī zúqiú サッカーをする）

---

4. 次の日本語を中国語に訳しなさい。

(1) 彼女は電車で大学に来ます。

---

(2) 私は土曜日にアルバイトに行きます。

---

(3) 彼は自動車を運転することができる。

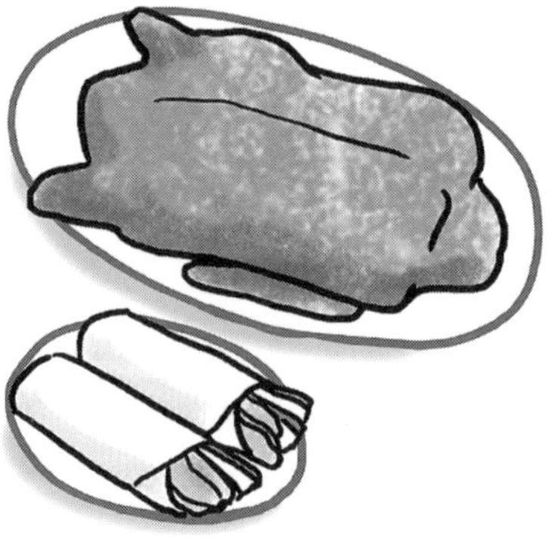

第7课 Dì qī kè　换手机 Huàn shǒujī

A88

生词 Shēngcí

□ 又 yòu 副 また

□ 换 huàn 動 換える、買い換える

□ 了 le 助 ～した（動詞の後ろに付く場合）

□ 台 tái 量 台

□ 内存 nèicún 名 メモリ

□ 还是 háishi 接 それとも

□ 够用 gòuyòng 足りる

□ 能 néng 助動 ～できる

□ 下载 xiàzài 動 ダウンロードする

□ 微信 wēixìn 名 WeChat

□ 软件 ruǎnjiàn 名 ソフトウエア、アプリケーションソフト

□ 当然 dāngrán 副 当然

□ 输入 shūrù 動 入力する

□ 关键词 guānjiàncí 名 キーワード

□ 搜索 sōusuǒ 動 検索する

□ 一下 yíxià 副 ちょっと

□ 试 shì 動 試す

□ 下面 xiàmiàn 方 次、下

□ 就 jiù 副 すぐに

□ 安装 ānzhuāng 動 インストールする、取り付ける

□ 可以了 kěyǐ le できたよ、もう大丈夫だ

□ 速度 sùdù 名 速度

□ 快 kuài 形 速い

□ 以后 yǐhòu 名 以後、これから

□ 经常 jīngcháng 副 常に、時々

□ 用 yòng 動 使う

□ 聊天儿 liáo//tiānr 動 世間話をする、雑談する

□ 伊藤 Yīténg 名 伊藤

□ 渡边 Dùbiān 名 渡辺

A89-1
A89-2

会话 Huìhuà

❖ 中国在住の渡辺さんと伊藤さんによる、スマホの仕様・アプリのダウンロードなどをめぐっての会話

渡边： 伊藤，我 又 换了 一 台 手机。
Yīténg, wǒ yòu huànle yì tái shǒujī.

伊藤： 内存 是 128 GB 的，还是 256 GB 的？
Nèicún shì yìbǎi'èrshibā GB de, háishi èrbǎiwǔshiliù GB de?

渡边： 128 GB 的。
Yìbǎi'èrshibā GB de.

伊藤： 内存 够用 吗？
Nèicún gòuyòng ma?

渡边： 够用。能 下载 微信 软件 吗？
Gòuyòng. Néng xiàzài wēixìn ruǎnjiàn ma?

伊藤： 当然 能。你 输入 关键词 “微信” 搜索 一下。
Dāngrán néng. Nǐ shūrù guānjiàncí “wēixìn” sōusuǒ yíxià.

渡边： 我 试 一 试。是 这个 吗？
Wǒ shì yi shì. Shì zhège ma?

伊藤： 对。下面 你 就 下载、安装 吧。
Duì. Xiàmiàn nǐ jiù xiàzài、ānzhuāng ba.

渡边： 可以 了。
Kěyǐ le.

伊藤： 你 的 手机 速度 很 快。
Nǐ de shǒujī sùdù hěn kuài.

渡边： 以后 我们 经常 用 微信 聊天儿 吧。
Yǐhòu wǒmen jīngcháng yòng wēixìn liáotiānr ba.

伊藤： 好的。
Hǎode.

A90

小知识 Xiǎo zhīshi ——手机用语 Shǒujī yòngyǔ

智能手机 zhìnéng shǒujī（スマートフォン）
扫码 sǎo mǎ（バーコード／QR コードを読み込む）
视频 shìpín（チャンネル、コンテンツ）、照片 zhàopiàn（写真）、文件 wénjiàn（ファイル）
支付宝 zhīfù bǎo（アリペイ）、微信 wēixìn（WeChat）、设置 shèzhì（設定）
容量 róngliàng（容量）、网络搜索 wǎngluò sōusuǒ（ネット検索）、更新 gēngxīn（更新）
静音模式 jìngyīn móshì（マナーモード）、导航 dǎoháng（ナビゲーション）
关机 guānjī（電源を切る）、短信 duǎnxìn（ショートメール）

语法 Yǔfǎ

A91

1. 動詞の後ろの“了”

完了を表す

肯定文（～した）：動詞＋“了”＋数量／時量＋目的語
否定文（～しなかった）：“没（有）”＋動詞＋目的語

我买了两张电影票。
Wǒ mǎile liǎng zhāng diànyǐng piào.

电影 diànyǐng [名] 映画

我没（有）买票。Wǒ méi(you) mǎi piào.

A92

2. 動作の重ね型

「ちょっと～する、～してみる」

1音節Aは“A[A]”または“A[一]A”、2音節ABは“AB[AB]”、四角の枠内が軽声

你看看吧。Nǐ kànkan ba.
你休息休息吧。Nǐ xiūxixiuxi ba.

休息 xiūxi [動] 休む

A93

3. 選択疑問文

A“还是”B？「AそれともB？」

你是日本人，还是中国人？
Nǐ shì Rìběnrén, háishi Zhōngguórén?

你喝咖啡，还是喝红茶？
Nǐ hē kāfēi, háishi hē hóngchá?

4. 助動詞の“能”「～できる」

A94

能力による可能と条件的な可能

我能游一百米。Wǒ néng yóu yìbǎi mǐ.

我喝酒了，不能开车。Wǒ hē jiǔ le, bù néng kāi chē.

游 yóu [動] 泳ぐ
米 mǐ [名] メートル
酒 jiǔ [名] お酒

5. 数量・時量の位置

A95

数量と時間量は目的語の前に置く。ただし、人称代詞が目的語となる場合は後に置く

我坐了三个小时飞机。Wǒ zuòle sān ge xiǎoshí fēijī.

我等了他一个小时。Wǒ děngle tā yí ge xiǎoshí.

飞机 fēijī [名] 飛行機
等 děng [動] 待つ

练习 Liànxí

A96

1. 音声を聞いて下線を埋めなさい。

(1) ________________________________

(2) ________________________________

(3) ________________________________（杯 bēi [量] 杯）

(4) ________________________________

2. 日本語の意味になるよう下線を埋めなさい。

(1) 私は昼ご飯を食べなかった。（午饭 wǔfàn [名] 昼ご飯）

我 ________________________________ 午饭。

(2) ちょっと味わってみて。（尝 cháng [動] 食べる、味わう）

你 ________________________________ 。

(3) 明日は用事があり、参加できません。

（有事 yǒu//shì [動] 用事がある、参加 cānjiā [動] 参加する）

明天有事，________________________________ 参加。

3. [　] 内の語句を意味が通るよう並べ替えなさい。

(1) [了／本／一／她／书／买／。]

---

(2) [我／等／了／半／个／小时／她／。]

---

4. 次の日本語を中国語に訳しなさい。

(1) 彼はテレビを2時間見た。

---

(2) あなたは犬が好きですか、それとも猫が好きですか。

(喜欢 xǐhuan 動 好きである、狗 gǒu 名 犬、猫 māo 名 猫)

---

(3) 私は50メートル泳げる。

第 8 课 Dì bā kè　去天安门广场 Qù Tiān'ānmén Guǎngchǎng

B01

生词 Shēngcí

- □ 天安门广场 Tiān'ānmén Guǎngchǎng 名 天安門広場
- □ 了 le 助 ～した（文末に用いる場合）
- □ 多 duō 形 多い
- □ 还 hái 副 また、まだ、さらに
- □ 没有 méiyou 副 ない
- □ 过 guo 助 ～したことがある
- □ 呢 ne 助（平叙文に用いて、ある情報を聞き手に強く知らせたり述べたりする意を添える）よ、な、ね；（疑問文に用いて聞き手に問い質す意を添える）～のですか、～だろうか
- □ 正好 zhènghǎo 副 ちょうど
- □ 游客 yóukè 名 観光客
- □ 极了 jíle きわめて、大変
- □ 下个星期天 xiàge xīngqītiān 来週の日曜日
- □ 王府井大街 Wángfǔjǐng Dàjiē 名 王府井大通り
- □ （一）点儿 (yì)diǎnr 少し
- □ 东西 dōngxi 名 もの
- □ 最好 zuìhǎo 副 最もよい、できるだけ～、～したほうがよい
- □ 不要 búyào ～しないで、～するな
- □ 太 tài…了 le 大変～、とても～
- □ 可以 kěyǐ 助動 ～していい
- □ 避开 bìkāi 動 避ける
- □ 和 hé 接 ～と
- □ 逛 guàng 動 ぶらぶら歩く、見物する
- □ 别 bié 副 ～しないで、～するな
- □ 行啊 xíng a いいよ、分かったよ
- □ 重色轻友 zhòngsè qīngyǒu 友達より恋人を重視する
- □ 对不起 duìbuqǐ すみません
- □ 中村 Zhōngcūn 名 中村
- □ 小林 Xiǎolín 名 小林

B02-1

会话 Huìhuà

B02-2

❖ 中国留学中の中村さんと小林さんの繁華街にいつ行くかをめぐっての会話

中村：我　昨天　去　天安门　广场　了。
Wǒ zuótiān qù Tiān'ānmén Guǎngchǎng le.

小林：人　很　多　吧。我　还　没有　去过　呢。
Rén hěn duō ba. Wǒ hái méiyou qùguo ne.

中村：正好　星期天，天气　也　不错，游客　多　极了。
Zhènghǎo xīngqītiān, tiānqì yě búcuò, yóukè duō jíle.

小林：是　吗？我　想　下个　星期天　去　王府井　大街　买　点儿　东西。
Shì ma? Wǒ xiǎng xiàge xīngqītiān qù Wángfǔjǐng Dàjiē mǎi diǎnr dōngxi.

中村：你　最好　不要　星期天　去，人　太　多　了。
Nǐ zuìhǎo búyào xīngqītiān qù, rén tài duō le.

小林：那，我　星期几　去　好　呢？
Nà, wǒ xīngqījǐ qù hǎo ne?

中村：你　可以　避开　星期六　和　星期天。
Nǐ kěyǐ bìkāi xīngqīliù hé xīngqītiān.

小林：我　这个　星期二　没有　课。
Wǒ zhège xīngqī'èr méiyǒu kè.

中村：星期二　我　跟　你　一起　去　逛逛。
Xīngqī'èr wǒ gēn nǐ yìqǐ qù guàngguang.

小林：你　别　去　了。我　女朋友　也　去。
Nǐ bié qù le. Wǒ nǚpéngyou yě qù.

中村：行　啊！重　色　轻　友。
Xíng a! Zhòng sè qīng yǒu.

小林：对不起！对不起！
Duìbuqǐ! Duìbuqǐ!

B03

小知识 Xiǎo zhīshi ——中国世界遗产 Zhōngguó shìjiè yíchǎn

中国世界遺産は、2021年7月までに、ユネスコに56件が登録されている。その中に文化遺産38件、自然遺産14件、複合遺産4件がある。以下にその中の幾つかを上げておく。

文化遺産：

・北京和沈阳的明清皇宫 Běijīng hé Shěnyáng de Míng-Qīng huánggōng（北京と瀋陽の明・清朝の皇宮群）

・长城 Chángchéng（万里の長城）

・秦始皇陵及兵马俑坑 Qínshǐhuáng Líng jí Bīngmǎyǒng kēng（秦の始皇陵及び兵馬俑坑）

・周口店北京人遗址 Zhōukǒudiàn Běijīngrén yízhǐ（周口店の北京原人遺跡）

・拉萨布达拉宫历史建筑群 Lāsà Bùdálāgōng lìshǐ jiànzhù qún（ラサのポタラ宮歴史建築群）

・曲阜孔庙、孔林和孔府 Qūfù Kǒngmiào、Kǒnglín hé Kǒngfǔ（曲阜孔廟、孔林と孔府）

・平遥古城 Píngyáo gǔchéng（平遥古城）

・北京皇家园林-颐和园 Běijīng Huángjiā yuánlín Yíhéyuán（北京皇家園林の頤和園）

・五台山 Wǔtái Shān（五台山）

自然遺産：

・九寨沟风景名胜区 Jiǔzhàigōu Fēngjǐng míngshèng qū（九寨溝の渓谷の景観と歴史地域）

・四川大熊猫栖息地 Sìchuān dàxióngmāo qīxīdì（四川ジャイアントパンダ保護区群）

複合遺産：

・泰山 Tài Shān（泰山）

・峨眉山风景名胜区，含乐山大佛风景区 Éméi Shān Fēngjǐng míngshèng qū, hán Lèshāndàfó Fēngjǐng qū（峨眉山と楽山大仏）

语法 Yǔfǎ

B04

1. 文末の“了”

文末に用いて、新しい事態の発生を表す

我昨天去大学了。Wǒ zuótiān qù dàxué le.

十二点了。Shí'èr diǎn le.

天气冷了。Tiānqì lěng le.

冷 lěng [形] 寒い

B05 2. 助動詞の“可以”

「～できる、～してよい」。“不可以”は禁止

可以在这儿照相吗？Kěyǐ zài zhèr zhàoxiàng ma?

不可以在图书馆里吃饭。

Bù kěyǐ zài túshūguǎn li chī fàn.

照相 zhào//xiàng [動] 写真を撮る

里 li [方] ～の中

B06 3. 経験を表す“过”

肯定文：動詞＋“过”＋目的語「～したことがある」

否定文：“没（有）”＋動詞＋“过”＋目的語

「～したことがない」

“还没（有）”＋動詞＋“过”＋目的語（＋“呢”）

「まだ～したことがない」

我去过中国。Wǒ qùguo Zhōngguó.

她没看过那个电影。Tā méi kànguo nèige diànyǐng.

我还没逛过王府井大街呢。

Wǒ hái méi guàngguo Wángfǔjǐng Dàjiē ne.

B07 4. 禁止を表す“别”と“不要”

“别／不要”＋～（＋“了”）

你别客气！Nǐ bié kèqi!

不要在图书馆大声说话。

Búyào zài túshūguǎn dàshēng shuōhuà.

客气 kèqi [動] 遠慮する

大声 dàshēng [副] 大声で

说话 shuō//huà [動] 話をする

B08 5. 形容詞＋“极了”

程度が最高であることを表す

这些花好看极了。Zhèixiē huā hǎokàn jíle.

今天天气好极了。Jīntiān tiānqì hǎo jíle.

这些 zhèixiē [代] これらの

好看 hǎokàn [形] 美しい

练习 Liànxí

♪ B09

1. 音声を聞いて下線を埋めなさい。

(1) ....

(2) ....

(3) ....

(4) ....

2. 日本語の意味になるよう下線を埋めなさい。

(1) 天気が良くなった。

天气 .... 。

(2) 私はまだ中国に行ったことがありません。

我 .... 中国。

(3) 遅刻しないで。　（迟到 chídào 動 遅刻する）

你 .... 。

3. [　] 内の語句を意味が通るよう並べ替えなさい。

(1) 我 [了／去／昨天／天安门广场／。]

....

(2) [抽烟／这儿／可以／在／。]　（抽烟 chōu//yān 動 たばこを吸う）

....

4. 次の日本語を中国語に訳しなさい。

(1) 私は 19 歳になりました。

....

(2) 彼女は富士山に登ったことがある。　（富士山 Fùshìshān 名 富士山、爬 pá 動 登る）

....

(3) ここで食事をしてはいけません。

....

第9课 Dì jiǔ kè　看电影 Kàn diànyǐng

B10

生词 Shēngcí

- [ ] 第一次　dì yī cì　初めて、第一回目
- [ ] 这么　zhème　代　こんなに
- [ ] 精彩　jīngcǎi　形　素晴らしい、精彩を放っている
- [ ] 觉得　juéde　動　〜と感じる、〜と思う
- [ ] 电影　diànyǐng　名　映画
- [ ] 比　bǐ　前　〜より
- [ ] 好看　hǎokàn　形　美しい、素晴らしい
- [ ] 多了　duō le　ずっと〜
- [ ] 路　lù　名　道
- [ ] 得　de　助　様態補語を導く
- [ ] 真　zhēn　副　実に、確かに
- [ ] 要　yào　助動　〜しなければならない、〜しようとする
- [ ] 早点儿　zǎodiǎnr　少し早めに
- [ ] 回　huí　動　帰る
- [ ] 宿舍　sùshè　名　寮
- [ ] 作业　zuòyè　名　宿題
- [ ] 用功　yòng//gōng　形動　よく勉強する、勉強に励む
- [ ] 难　nán　形　難しい
- [ ] 班　bān　名　クラス
- [ ] 韩国　Hánguó　名　韓国
- [ ] 留学生　liúxuéshēng　名　留学生
- [ ] 玩儿　wánr　動　遊ぶ
- [ ] 山本　Shānběn　名　山本
- [ ] 加藤　Jiāténg　名　加藤

B11-1

会话 Huìhuà

B11-2

❖ 中国留学中の山本さんと加藤さんの中国映画を見た帰りの会話

山本： 我 第 一 次 看 这么 精彩 的 电影。
Wǒ dì yī cì kàn zhème jīngcǎi de diànyǐng.

加藤： 我 觉得 今天 的 电影 比 昨天 的 好看 多 了。
Wǒ juéde jīntiān de diànyǐng bǐ zuótiān de hǎokàn duō le.

山本： 你 走 路 走得 真 快。
Nǐ zǒu lù zǒude zhēn kuài.

加藤： 我 要 早点儿 回 宿舍，还 有 汉语 作业 呢。
Wǒ yào zǎodiǎnr huí sùshè, hái yǒu Hànyǔ zuòyè ne.

山本： 你 真 用功。
Nǐ zhēn yònggōng.

加藤： 你们 用 的 汉语 课本 难 吗？
Nǐmen yòng de Hànyǔ kèběn nán ma?

山本： 不 太 难。
Bú tài nán.

加藤： 你们 班 有 韩国 留学生 吗？
Nǐmen bān yǒu Hánguó liúxuéshēng ma?

山本： 我们 班 一 个 也 没有。
Wǒmen bān yí ge yě méiyǒu.

加藤： 明天 星期天，你 去 哪儿 玩儿？
Míngtiān xīngqītiān, nǐ qù nǎr wánr?

山本： 我 哪儿 也 不 去。
Wǒ nǎr yě bú qù.

B12

小知识 Xiǎo zhīshi ——电影、动漫、游戏用语 Diànyǐng、dòngmàn、yóuxì yòngyǔ

- 电影 diànyǐng（映画）、动画片 dònghuàpiàn（アニメ）、漫画 mànhuà（漫画）、电游 diànyóu（テレビゲーム）、电视剧 diànshìjù（テレビドラマ）、纪录片 jìlùpiàn（記録映画）、武打片 wǔdǎpiàn（アクション映画）
- 剧本 jùběn（脚本）、演员 yǎnyuán（俳優）、主演 zhǔyǎn（主演）、导演 dǎoyǎn（映画監督）
- 哆啦 A 梦 Duō lā A mèng（ドラえもん）、名侦探柯南 Míngzhēntàn Kēnán（名探偵コナン）、鬼灭之刃 Guǐ miè zhī rèn（鬼滅の刃）、火影忍者 Huǒyǐng Rěnzhě（NARUTO）、千与千寻 Qiān yǔ Qiānxún（千と千尋の神隠し）

语法 Yǔfǎ

B13

1. 比較を表す“比”

肯定文：A ＋ “比” ＋ B ＋形容詞＋差を表す語句
「AはBより～だ」

否定文：A ＋ “没有” ＋ B ＋形容詞
「AはBほど～でない」

今天比昨天暖和一点儿。
Jīntiān bǐ zuótiān nuǎnhuo yìdiǎnr.

我没有小李高。Wǒ méiyou xiǎo Lǐ gāo.

暖和 nuǎnhuo 形 暖かい
一点儿 yìdiǎnr 少し

B14

2. 助動詞の“要”

“要”＋動詞（＋目的語）

① 意志「～したい、～するつもりだ」
否定は“不想”「～したくない」

② 必要・義務「～しなければならない」
否定は“不用”「～するには及ばない」

我今天要看电影。Wǒ jīntiān yào kàn diànyǐng.
明天有考试，我要复习功课。
Míngtiān yǒu kǎoshì, wǒ yào fùxí gōngkè.

考试 kǎoshì 名 試験
复习 fùxí 動 復習する
功课 gōngkè 名 授業の内容

B15 3. 様態補語

（動詞＋目的語＋）動詞＋“得”＋～
「○○を…するのが～だ」

小张跑得很快。Xiǎo Zhāng pǎode hěn kuài.
她唱歌唱得很好。Tā chàng gē chàngde hěn hǎo.

跑 pǎo [動] 走る
唱 chàng [動] 歌う
歌 gē [名] 歌

B16 4. 限定語となる動詞と形容詞

～＋“的”＋名詞「～する…、～な…」
単音節の形容詞が名詞を修飾する場合、“的”は不要

骑的人 qí de rén
骑自行车的人 qí zìxíngchē de rén
他们学习汉语的教室 tāmen xuéxí Hànyǔ de jiàoshì
红花 hóng huā
干净的衣服 gānjìng de yīfu

骑 qí [動]（跨がって）乗る
自行车 zìxíngchē [名] 自転車
红 hóng [形] 赤い
干净 gānjìng [形] 清潔な
衣服 yīfu [名] 服

B17 5. 全否定表現

{“一”＋量詞 / “一点儿” / 疑問詞}＋“都／也”＋否定述語で「少しも～ない、全然～ない」

这么酸的橘子我一个都不要。
Zhème suān de júzi wǒ yí ge dōu bú yào.

我今天哪儿都不想去。Wǒ jīntiān nǎr dōu bù xiǎng qù.

这么 zhème [代] このような
酸 suān [形] 酸っぱい
橘子 júzi [名] みかん
要 yào [動] ほしい

练习 Liànxí

♪ B18

1. 音声を聞いて下線を埋めなさい。

(1) ______________________________

(2) ______________________________

(3) ______________________________

(4) ______________________________

2. 日本語の意味になるよう下線を埋めなさい。

(1) 今日は昨日より少し涼しい。　（凉快 liángkuai [形] 涼しい）

今天__________昨天______________________。

(2) あの走っている人は誰ですか。

那个止在______________________是谁？

(3) この料理は全然美味しくない。　（好吃 hǎochī [形] 美味しい）

这个菜______________________不好吃。

3. ［　］内の語句を意味が通るよう並べ替えなさい。

(1) ［得／歌／不太／小王／好／唱／。］

____

(2) 这个问题［那个问题／多了／比／难／。］

____

4. 次の日本語を中国語に訳しなさい。

(1) これはあれより安い。

____

(2) 私は今日用事があるので、早めに帰宅しなければなりません。

（回家 huí//jiā [動] 帰宅する）

____

(3) 彼女はダンスをするのがとても上手い。　（跳舞 tiào//wǔ [動] ダンスをする）

____

第 10 课 Dì shí kè　几点来的？ Jǐ diǎn lái de?

♪ B19

生词 Shēngcí

- □ （是 shì）…的 de　～のだ、～した
- □ 张丽　Zhāng Lì　[名]　張麗
- □ 给　gěi　[動]·[前]　やる、くれる；～に、～のために
- □ 日本　Rìběn　[名]　日本
- □ 绿茶　lǜchá　[名]　緑茶
- □ 送　sòng　[動]　届ける、贈る、見送る
- □ 条　tiáo　[量]　（細長いものを数える）本
- □ 围巾　wéijīn　[名]　襟巻、マフラー、スカーフ
- □ 请　qǐng　[動]　頼む、招く、ご馳走する
- □ 带　dài　[動]　携帯する、持つ
- □ 带给　dàigěi　～に持ち帰ってあげる、もたらす
- □ 没问题　méiwèntí　大丈夫だ
- □ 快要 kuàiyào／就要 jiùyào…了 le　もうすぐ～する
- □ 寒假　hánjià　[名]　冬休み
- □ 放寒假　fàng hánjià　冬休みになる
- □ 为什么　wèishénme　[代]　なぜ
- □ 毕业　bì//yè　[動]　卒業する
- □ 论文　lùnwén　[名]　論文
- □ 写完　xiěwán　書き終える
- □ 一晃　yíhuàng　[副]　いつの間にか
- □ 时间　shíjiān　[名]　時間、時刻
- □ 过　guò　[動]　過ごす
- □ 就是　jiùshì　[副]　（同意を表す）仰る通りだ、ごもっともだ
- □ 吉田　Jítián　[名]　吉田
- □ 山口　Shānkǒu　[名]　山口

B20-1
B20-2

会话 Huìhuà

❖ 出張で北京に来た山口さんが日本在住の張麗さんから預かった吉田さんへのお土産を持って北京在住の吉田さんのところを訪ねた時の会話

吉田： 山口，你 几 点 来 的？
Shānkǒu, nǐ jǐ diǎn lái de?

山口： 八 点。这 是 张 丽 给 你 买 的 日本 绿茶。
Bā diǎn. Zhè shì Zhāng Lì gěi nǐ mǎi de Rìběn lǜchá.

吉田： 谢谢。我 想 送 她 一 条 围巾，请 你 带给 她 吧。
Xièxie. Wǒ xiǎng sòng tā yì tiáo wéijīn, qǐng nǐ dàigěi tā ba.

山口： 没问题。快要 放 寒假 了，张 丽 回 北京 吗？
Méiwèntí. Kuàiyào fàng hánjià le, Zhāng Lì huí Běijīng ma?

吉田： 好像 不 能 回。
Hǎoxiàng bù néng huí.

山口： 为什么？
Wèishénme?

吉田： 她 三 月 就要 大学 毕业 了，毕业 论文 还
Tā sān yuè jiùyào dàxué bìyè le, bìyè lùnwén hái

没有 写完。
méiyou xiěwán.

山口： 一晃 快 四 年 了，时间 过得 真 快。
Yíhuàng kuài sì nián le, shíjiān guòde zhēn kuài.

吉田： 就是。
Jiùshì.

B21

小知识 Xiǎo zhīshi ——出国旅游用语 Chūguó lǚyóu yòngyǔ

护照 hùzhào（パスポート）、签证 qiānzhèng（ビザ）、边检 biānjiǎn（出入国審査）、安检 ānjiǎn（保安検査）、托运行李 tuōyùn xíngli（預けの荷物）、手提行李 shǒutí xíngli（機内持ち込み荷物）、旅行团 lǚxíngtuán（旅行団）

机票 jīpiào（航空券）、船票 chuánpiào（乗船切符）、车票 chēpiào（(列車・電車・バスなどの）切符）

交通费 jiāotōngfèi（交通費）、转机 zhuǎnjī（乗り継ぎ）、大使馆 dàshǐguǎn（大使館）、旅行社 lǚxíngshè（旅行社）、伙食费 huǒshífèi（食事代）、景点 jǐngdiǎn（観光名所）、住宿 zhùsù（宿泊）、旅馆 lǚguǎn（旅館）

语法 Yǔfǎ

B22

1. “是～的”

（“是”）～“的”「～したのだ、～した」

過去の出来事の一部の情報にフォーカスを当てて述べたり尋ねたりする場合に用いる。“的”は目的語の前に置くことが多い。否定は“不是～的”となり、“是”は省略できない

我是坐地铁来的。Wǒ shì zuò dìtiě lái de.

他是在中国买的那本书。
Tā shì zài Zhōngguó mǎi de nèi běn shū.

地铁 dìtiě 名 地下鉄

B23

2. 二重目的語をとる動詞

教 jiāo、给 gěi、问 wèn、送 sòng、告诉 gàosu

動詞＋人＋～「人に～を…する」

王老师教我们汉语。Wáng lǎoshī jiāo wǒmen Hànyǔ.

我告诉你一个好消息。Wǒ gàosu nǐ yí ge hǎo xiāoxi.

教 jiāo 動 教える
给 gěi 動 与える
问 wèn 動 質問する
送 sòng 動 送る
告诉 gàosu 動 伝える

消息 xiāoxi 名 ニュース

♪ B24 3. 前置詞の“给”

“给”＋人＋動詞句「～（のため）に…する」

爸爸给我买了一台电脑。
Bàba gěi wǒ mǎile yì tái diànnǎo.

我给奶奶写了一封信。Wǒ gěi nǎinai xiěle yì fēng xìn.

给 gěi 前 ～（のため）に

封 fēng 量 封入されたものを数える

信 xìn 名 手紙

♪ B25 4. 近未来表現

“快要／就要～了”「もうすぐ～する／～になる」
「～」が数量詞または時間詞のときは“快～了”を使うのが普通

快要放寒假了。Kuàiyào fàng hánjià le.

他们就要毕业了。Tāmen jiùyào bìyè le.

他快五十岁了。Tā kuài wǔshí suì le.

♪ B26 5. 結果補語

動詞の後に付けて、動作の結果を表す

完 wán 動 ～し終わる	好 hǎo 形 ～して満足な状態になる
懂 dǒng 動 ～して理解する	错 cuò 動 ～し間違える

报告我写完了。Bàogào wǒ xiěwán le.

老师的话我听懂了。Lǎoshī de huà wǒ tīngdǒng le.

报告 bàogào 名 レポート

写 xiě 動 書く

话 huà 名 話、言ったこと

听 tīng 動 聞く

量詞“条”で数えられるもの
—“围巾 wéijīn”（マフラー）、“河 hé”（川）、“鱼 yú”（魚）

练习 Liànxí

♪ B27

1. 音声を聞いて下線を埋めなさい。

(1) ________________________________

(2) ________________________________

(3) ________________________________

(4) ________________________________

2. 日本語の意味になるよう下線を埋めなさい。

(1) 彼女は飛行機に乗ってきたのではありません。　（飞机 fēijī 名 飛行機）

她________________坐飞机来________________。

(2) 彼は漢字を書き間違えた。　（汉字 Hànzì 名 漢字）

他________________________________了汉字。

(3) 私は中国語をマスターしたい。

我要________________________________汉语。

3. ［　］内の語句を意味が通るよう並べ替えなさい。

(1) 小李［她／词典／送／一本／。］

____

(2) 他们［就要／留学／去／了／下个星期／中国／。］　（留学 liú//xué 動 留学する）

____

4. 次の日本語を中国語に訳しなさい。

(1) 私は昨日来たのです。

____

(2) もうすぐ12月だ。

____

(3) 宿題はやり終えました。　（做 zuò 動 する）

____

第 11 课 Dì shíyī kè　过中秋节 Guò Zhōngqiūjié

B28 生词 Shēngcí

☐ 中秋节　Zhōngqiūjié [名]　中秋節

☐ 旅游　lǚyóu [動]　旅行する

☐ 第一天　dì yī tiān　一日目

☐ 打　dǎ [動]　打つ、～をする

☐ 乒乓球　pīngpāngqiú [名]　卓球

☐ 剩下　shèngxià [動]　残る、余る

☐ 参加　cānjiā [動]　参加する

☐ 两日游　liǎng rì yóu　一泊二日旅行

☐ …不了　buliǎo　～しきれない

☐ 去不了　qùbuliǎo　行くことができない

☐ 被　bèi [前]　される

☐ 关在　guānzài [動]　～に閉じこめる

☐ 家里　jiāli [名]　家、家の中

☐ 看　kān [動]　見守る、番をする、世話をする

☐ 着　zhe [助]　～している、～してある

☐ 只　zhī [量]　対になっているものの一つ（靴下・耳・手)、動物（鳥・羊・猫)、器具（腕時計・籠)、船（小舟）などを数える

☐ 宝贵　bǎoguì [形]　貴重だ、大切だ

☐ 猫　māo [名]　猫

☐ 泰国　Tàiguó [名]　タイ

☐ 孝顺　xiàoshùn [動]　親孝行をする

☐ 啊　a [助]　文末に用いて、話し手の感嘆の気持ちを強める

☐ 对了　duìle　（文頭に用いて）そうだ

☐ 放在　fàngzài　～に置く

☐ 书架　shūjià [名]　本棚

☐ 上　shang [方]　上

☐ 利用　lìyòng [動]　利用する

☐ 复习　fùxí [動]　復習する

☐ 借　jiè [動]　借りる、貸す

☐ 好吗　hǎo ma　よろしいですか

☐ 黄辉　Huáng Huī [名]　黄輝

☐ 周翔　Zhōu Xiáng [名]　周翔

B29-1

会话 Huìhuà

B29-2

❖ 黄輝さんと周翔さんの中秋節をどう過ごすかをめぐっての会話

黄辉：小 周，中秋节 你 去 哪儿 旅游 吗？
Xiǎo Zhōu, Zhōngqiūjié nǐ qù nǎr lǚyóu ma?

周翔：我 想 第 一 天 跟 朋友 打 一 打 乒乓球，
Wǒ xiǎng dì yī tiān gēn péngyou dǎ yi dǎ pīngpāngqiú,

剩下 的 两 天 参加 一 个 两 日 游。你 呢？
shèngxià de liǎng tiān cānjiā yí ge liǎng rì yóu. Nǐ ne?

黄辉：我 哪儿 也 去不了，被 我 妈妈 关在 家里，看着
Wǒ nǎr yě qùbuliǎo, bèi wǒ māma guānzài jiāli, kānzhe

她 那 只 宝贵 的 猫。
tā nà zhī bǎoguì de māo.

周翔：你 妈妈 呢？
Nǐ māma ne?

黄辉：我 妈妈 跟 我 爸爸 去 泰国 旅游。
Wǒ māma gēn wǒ bàba qù Tàiguó lǚyóu.

周翔：真 孝顺 啊。
Zhēn xiàoshùn a.

黄辉：对了，你 的 日语 词典 放在 哪儿 了？
Duìle, nǐ de Rìyǔ cídiǎn fàngzài nǎr le?

周翔：在 书架 上。
Zài shūjià shang.

黄辉：我 想 利用 这 三 天 复习 一下儿 日语，借 我
Wǒ xiǎng lìyòng zhè sān tiān fùxí yíxiàr Rìyǔ, jiè wǒ

用用，好 吗？
yòngyong, hǎo ma?

周翔：没问题。你 用 吧。
Méiwèntí. Nǐ yòng ba.

♪B30

小知识 Xiǎo zhīshi ——节日用语 Jiérì yòngyǔ

元旦（三连休） Yuándàn（sān lián xiū） 元日（三連休）

春节（七连休） Chūnjié（qī lián xiū） 春節（七連休）

清明节（三连休） Qīngmíngjié（sān lián xiū）清明節（三連休）

劳动节（五连休） Láodòngjié（wǔ lián xiū） メーデー（五連休）

端午节（三连休） Duānwǔjié（sān lián xiū） 端午の節句（三連休）

中秋节（三连休） Zhōngqiūjié（sān lián xiū）中秋節（三連休）

国庆节（七连休） Guóqìngjié（qī lián xiū） 国慶節（七連休）

妇女节 Fùnǚjié（婦人デー）、儿童节 Értóngjié（児童節）、教师节 Jiàoshījié（教師節）、元宵节 Yuánxiāojié（元宵節）

暑假 shǔjià（夏休み）、寒假 hánjià（冬休み）、春假 chūnjià（春休み）、节假日 jiéjiàrì（祝祭日）、黄金周 huángjīnzhōu（ゴールデンウイーク）

语法 Yǔfǎ

♪B31

1. 方位詞

名詞（＋“的”）＋方位詞「～のどちらがわ」

“～边儿”の単語は“旁边儿”を除いて“～面 miàn”という言い方もできる

～の上	うえ	まえ	ひだり	なか	きた	ひがし	となり
…上 shang	上边儿 shàngbianr	前边儿 qiánbianr	左边儿 zuǒbianr	里边儿 lǐbianr	北边儿 běibianr	东边儿 dōngbianr	旁边儿 pángbiānr
～の中	した	うしろ	みぎ	そと	みなみ	にし	むかい
…里 li	下边儿 xiàbianr	后边儿 hòubianr	右边儿 yòubianr	外边儿 wàibianr	南边儿 nánbianr	西边儿 xībianr	对面儿 duìmiànr

桌子在书架的旁边儿。Zhuōzi zài shūjià de pángbiānr.

桌子上有一台手机。Zhuōzi shang yǒu yì tái shǒujī.

房间里有很多椅子。Fángjiān li yǒu hěn duō yǐzi.

房间 fángjiān 名 部屋

椅子 yǐzi 名 椅子

B32 2. 持続を表す“着”

動詞＋“着”「～している、～してある」

“正在”や“呢”と共に用いることがある

她今天穿着一条很漂亮的连衣裙。
Tā jīntiān chuānzhe yì tiáo hěn piàoliang de liányīqún.

书架上放着很多书。Shūjià shang fàngzhe hěn duō shū.

穿 chuān 動 着る
条 tiáo 量 細長いものを数える
漂亮 piàoliang 形 美しい、綺麗である
连衣裙 liányīqún 名 ワンピース
放 fàng 動 置く

B33 3. 可能補語

動詞＋“得／不”＋結果補語「～できる／できない」

老师说的汉语，你听得懂吗？
Lǎoshī shuō de Hànyǔ, nǐ tīngdedǒng ma?

黑板上的字，你们看得清楚看不清楚？
Hēibǎn shang de zì, nǐmen kàndeqīngchu kànbuqīngchu?

懂 dǒng 動 分かる
黑板 hēibǎn 名 黒板
字 zì 名 文字
清楚 qīngchu 形 はっきりしている

B34 4. 受身文

受け手＋“被／让”＋仕手＋動詞句「～に…される」

“被”の後の仕手は省略できるが、“让”の後の仕手は省略できない

小张被老师批评了。Xiǎo Zhāng bèi lǎoshī pīpíng le.

那本书让人借走了。Nèi běn shū ràng rén jièzǒu le.

批评 pīpíng 動 叱る
走 zǒu 動 歩く、結果補語として「ある場所から離れる」意を表す

B35 5. 疑問詞の不定を表す用法

疑問詞としての機能が薄れ、“哪儿”「どこか」や“几”「いくつか」など漠然とした意味を持つ

咱们去哪儿旅游吧。Zánmen qù nǎr lǚyóu ba.

昨天我跟几个朋友去玩儿了。
Zuótiān wǒ gēn jǐ ge péngyou qù wánr le.

练习 Liànxí

♪ B36

1. 音声を聞いて下線を埋めなさい。

(1) ______________________________

(2) ______________________________

(3) ______________________________

(4) ______________________________

2. 日本語の意味になるよう下線を埋めなさい。

(1) 学校の向かいにコンビニがある。

（家 jiā [量] 商店や企業を数える、便利店 biànlìdiàn [名] コンビニ）

______________________________ 有一家便利店。

(2) 李くんは今日眼鏡をかけている。（戴 dài [動]（眼鏡を）かける、副 fù [量] セットや組になっているものを数える、眼镜 yǎnjìng [名] 眼鏡）

小李今天 ______________________________ 一副眼镜。

(3) そんなにたくさんの宿題、やり終えられるの？

那么多的作业，你 ______________________________ 吗？

3. [　] 内の語句を意味が通るよう並べ替えなさい。

(1) 车站 [百货商店／有／旁边儿／一家／。]　（百货商店 bǎihuò shāngdiàn [名] デパート）

____

(2) [让／走／骑／我哥哥／我的自行车／了／。]　（自行车 zìxíngchē [名] 自転車）

____

4. 次の日本語を中国語に訳しなさい。

(1) 机の上にパソコンが一台ある。

____

(2) 彼は先生に叱られた。

____

(3) 私はどこかに遊びに行きたい。

____

第12课 Dì shí'èr kè　包饺子 Bāo jiǎozi

B37

生词 Shēngcí

- □ 包 bāo 動 包む、（餃子を）作る
- □ 饺子 jiǎozi 名 餃子
- □ 不过 búguò 接 ところが、しかし
- □ 费 fèi 動 かかる
- □ 没关系 méiguānxi 構いません
- □ 就 jiù 副 時間の速さ・数量の少なさを表す
- □ 让 ràng 動 させる
- □ 先 xiān 副 先に
- □ 面 miàn 名 小麦粉、麺類
- □ 和好 huóhǎo こねあげる、よくこねる
- □ 把 bǎ 前 ～を
- □ 白菜 báicài 名 白菜
- □ 葱 cōng 名 ネギ
- □ 拿 ná 動 持つ、取る
- □ …过来 guòlai ～過ぎてくる
- □ 切 qiē 動 切る
- □ 根 gēn 量 本
- □ 它 tā 代 （人間以外の事物を指す）それ、あれ
- □ 剁 duò 動 細かく刻む、切る
- □ 肉 ròu 名 肉
- □ 调料 tiáoliào 名 調味料
- □ …等 děng 助 ～など
- □ 拌 bàn 動 かき混ぜる
- □ 拌在 bànzài ～にかき混ぜる
- □ 准备 zhǔnbèi 動・助動 準備する；～するつもりだ
- □ 开始 kāishǐ 動 始まる、始める
- □ 饺子皮儿 jiǎozipír 名 餃子の皮
- □ 擀 gǎn 動 伸ばす
- □ 都 dōu 副 みな
- □ 进去 jìnqu 入っていく
- □ 锅 guō 名 鍋
- □ 听说 tīngshuō 動 話によると～そうだ
- □ 一 yī～就 jiù… ～すると…
- □ 开 kāi 動 沸く、沸す
- □ 煮熟 zhǔshú 煮える
- □ 一会儿 yíhuìr ちょっとの間、しばらく
- □ 更 gèng 副 さらに、もっと
- □ 捞 lāo 動 すくい上げる
- □ 捞上来 lāo shànglai すくい上げてくる
- □ 到 dào 動 着く、達する。「動詞＋"到"＋場所」の形で用いて、その場所への到達を表す
- □ 好吃 hǎochī 形 美味しい
- □ 盘子 pánzi 名 皿
- □ 高晶 Gāo Jīng 名 高晶
- □ 姜文 Jiāng Wén 名 姜文

B38-1
B38-2

会话 Huìhuà

❖ 高晶さんと姜文さんが休日を利用して餃子を作る時の会話

高晶：今天 我们 包 饺子，怎么样？
Jīntiān wǒmen bāo jiǎozi, zěnmeyàng?

姜文：好 啊。不过，包 饺子 太 费 时间 了。
Hǎo a. Búguò, bāo jiǎozi tài fèi shíjiān le.

高晶：没关系。我们 半 个 小时 就 包好 了。
Méiguānxi. Wǒmen bàn ge xiǎoshí jiù bāohǎo le.

姜文：那，你 让 我 干 点儿 什么？
Nà, nǐ ràng wǒ gàn diǎnr shénme?

高晶：我 先 把 面 和好。你 把 白菜 和 葱 拿 过来，
Wǒ xiān bǎ miàn huóhǎo. Nǐ bǎ báicài hé cōng ná guòlai,

先 切 白菜 和 葱 吧。
xiān qiē báicài hé cōng ba.

姜文：葱 就 切 一 根 吗？
Cōng jiù qiē yì gēn ma?

高晶：就 一 根 吧。
Jiù yì gēn ba.

姜文：白菜 和 葱 切好 了。
Báicài hé cōng qiēhǎo le.

高晶：那，我们 把 它 和 剁好 的 肉、调料 等 拌在 一起。
Nà, wǒmen bǎ tā hé duòhǎo de ròu、tiáoliào děng bànzài yìqǐ.

姜文：这么 快 就 准备好 了，我们 开始 包 吧。
Zhème kuài jiù zhǔnbèihǎo le, wǒmen kāishǐ bāo ba.

高晶：你 饺子 包得 不错。
Nǐ jiǎozi bāode búcuò.

姜文： 你 饺子皮儿 擀得 也 很 好。
Nǐ jiǎozipír gǎnde yě hěn hǎo.

高晶： 都 包好 了，我们 把 饺子 放进 锅里 去 吧。
Dōu bāohǎo le, wǒmen bǎ jiǎozi fàngjìn guōli qù ba.

姜文： 听 我 妈 说，锅 一 开 就 煮熟 了。
Tīng wǒ mā shuō, guō yì kāi jiù zhǔshóu le.

高晶： 多 煮 一会儿，更 好吃。可以 了，捞 上来 吧。
Duō zhǔ yíhuìr, gèng hǎochī. Kěyǐ le, lāo shànglai ba.

姜文： 捞到 这个 大 盘子 里 吧。
Lāodào zhège dà pánzi li ba.

B39

小知识 Xiǎo zhīshi——饺子的种类 Jiǎozi de zhǒnglèi

饺子皮儿 jiǎozipír（餃子の皮）、饺子馅儿 jiǎozi xiànr（餃子の中身）

煮饺 zhǔjiǎo・水饺 shuǐjiǎo（水餃子）、煎饺 jiānjiǎo（焼き餃子）、蒸饺 zhēngjiǎo（蒸し餃子）

肉馅儿 ròuxiànr（肉入りの中身）、素馅儿 sùxiànr（肉の入っていない中身）

饺子有猪肉馅儿的、羊肉馅儿的、牛肉馅儿的、鸡蛋粉条等素馅儿的。它们分别加上白菜、芹菜、韭菜、菠菜、胡萝卜等，就会做出味道不同的各种各样的饺子来。另外，饺子馅儿还有鱼肉做的呢。有一句顺口溜：站着不如倒着，好吃不如饺子。

Jiǎozi yǒu zhūròu xiànr de、yángròu xiànr de、niúròu xiànr de、jīdàn fěntiáo děng sùxiànr de.Tāmen fēnbié jiāshàng báicài、qíncài、jiǔcài、bōcài、húluóbo děng, jiù huì zuòchū wèidào bùtóng de gèzhǒng gèyàng de jiǎozi lái.Lìngwài, jiǎozi xiànr háiyǒu yúròu zuò de ne.Yǒu yí jù shùnkǒuliū : zhànzhe bù rú dǎozhe, hǎochī bù rú jiǎozi.

语法 Yǔfǎ

B40

1. 方向補語と複合方向補語

	上 shàng 上がる	下 xià 下りる	进 jìn 入る	出 chū 出る	回 huí 戻る	过 guò 過ぎる	起 qǐ 起きる
来 lai 来る	上来	下来	进来	出来	回来	过来	起来
去 qu 行く	上去	下去	进去	出去	回去	过去	

他回来了。Tā huílai le.

老师走进教室来了。Lǎoshī zǒujìn jiàoshì lai le.

B41

2. “把”構文

“把”＋（特定の）目的語＋動詞＋付加成分「～を…する」

你把那些东西放在桌子上吧。
Nǐ bǎ nèixiē dōngxi fàngzài zhuōzi shang ba.

我们应该把这个问题讨论讨论。
Wǒmen yīnggāi bǎ zhèige wèntí tǎolùntaolun.

那些 nèixiē 代 あれらの

应该 yīnggāi 助動 ～すべきだ

讨论 tǎolùn 動 討論する

B42 3. 使役文

“叫／让” ＋～＋…「～に…させる」

妈妈叫我做作业。Māma jiào wǒ zuò zuòyè.

王老师不让我们说日语。
Wáng lǎoshī bú ràng wǒmen shuō Rìyǔ.

B43 4. 時間の早さ・数量の少なさを表す“就”

她三岁就会弹钢琴。Tā sān suì jiù huì tán gāngqín.

他说完就走了。Tā shuōwán jiù zǒu le.

走 zǒu 動 行く、その場から離れる、歩く

B44 5. “一…就～”

「…すると（すぐに）～」

上课铃一响，老师就进来了。
Shàngkè líng yì xiǎng, lǎoshī jiù jìnlai le.

小李一下课就去图书馆学习。
Xiǎo Lǐ yí xiàkè jiù qù túshūguǎn xuéxí.

上课 shàng//kè 動 授業を受ける

铃 líng 名 ベル

响 xiǎng 動 鳴る

下课 xià//kè 動 授業が終わる

练习 Liànxí

B45 1. 音声を聞いて下線を埋めなさい。

(1) ________________

(2) ________________

(3) ________________

(4) ________________

2. 日本語の意味になるよう下線を埋めなさい。

(1) 彼は部屋の中から走って出てきた。

他从房间里 ________________ 了。

(2) 私はその本を持ってきた。

我______那本书带______了。

(3) 9時から授業が始まるのに、張さんは8時にもう来た。

九点开始上课，小张______来了。

3. [　] 内の語句を意味が通るよう並べ替えなさい。

(1) [一／回家／了／就／他／去／下班／。]　　(下班 xià//bān [動] 仕事を終える)

______

(2) [把／走／拿／我弟弟／我的行李／了／。]

(拿 ná [動]（手に）取る、行李 xíngli [名] 荷物)

______

4. 次の日本語を中国語に訳しなさい。

(1) 彼らは歩いて映画館に入っていった。　　(电影院 diànyǐngyuàn [名] 映画館)

______

(2) 母は私を買い物に行かせます。

______

(3) あなたは傘を持ってきたかい。〈※“把”を用いて〉　　(雨伞 yǔsǎn [名] 傘)

______

語句索引

本索引には基礎編の会話、語法、練習に現れる語句をアルファベット順に配列して示してある。数字は初出の課を、数字の後ろの「k」は“课外作业”を示す。

A

a	啊	助	文末に用いて、話し手の感嘆の気持ちを強める	11
ānzhuāng	安装	動	インストールする、取り付ける	7

B

bǎ	把	前	～を	12
ba	吧	助	「勧誘・提案、軽い命令、同意を期待した確認、推測」などの語気	5
báicài	白菜	名	白菜	12
bǎihuò shāngdiàn	百货商店	名	デパート	11
bān	班	名	クラス	9
bàn	半	名	30分間	3
bàn	拌	動	かき混ぜる	12
bànzài	拌在		～にかき混ぜる	12
bāo	包	動	包む、（餃子を）作る	12
bǎoguì	宝贵	形	貴重だ、大切だ	11
bàogào	报告	名	レポート	10
bēi	杯	量	杯	7
Běijīng	北京	名	北京	1
Běijīng Dòngwùyuán	北京动物园	名	北京動物園	5
Běijīng kǎoyā	北京烤鸭	名	北京ダック	6
bèi	被	前	される	11
běn	本	量	冊	4,6
bǐ	比	前	～より	9
bìkāi	避开	動	避ける	8
bì//yè	毕业	動	卒業する	10
biànlìdiàn	便利店	名	コンビニ	11
bié	别	副	～しないで、～するな	8
bú tài	不太		あまり～ない	4
búcuò	不错		よい、悪くない	5
búguò	不过	接	ところが、しかし	12
búyào	不要		～しないで、～するな	8
bù	不	副	～（し）ない	1
bù	不	感・副	いいえ；～（ではない）	2
buliǎo	…不了		～しきれない	11

C

cài	菜	名	料理	5
cānjiā	参加	動	参加する	7,11
cāochǎng	操场	名	グラウンド	4
chá	茶	名	茶	1
chà	差	動	足りない	3
cháng	尝	動	食べる、味わう	7
chàng	唱	動	歌う	9
Cháoyáng Chāoshì	朝阳超市	名	朝陽スーパーマーケット	4
chē	车	名	車	6
chēzhàn	车站	名	駅、バス停	4
Chén Dōng	陈冬	名	陳冬	3
chī	吃	動	食べる	1
chídào	迟到	動	遅刻する	8
chōu//yān	抽烟	動	たばこを吸う	8
chuān	穿	動	着る	11
cídiǎn	词典	名	辞書	4
cōng	葱	名	ネギ	12
cóng	从	前	～から	4
cuò	错	動	～し間違える	10

D

dǎ	打	動	打つ、～をする	11
dǎ//gōng	打工	動	アルバイトをする	6
dà	大	形	年齢が上である	9k
dàshēng	大声	副	大声で	8
dàxué	大学	名	大学	2,3

dàxuéshēng	大学生	名	大学生	2
dài	戴	動	(眼鏡を) かける	11
dài	带	動	携帯する、持つ	10
dàigěi	带给		～に持ち帰ってあげる、もたらす	10
dāngrán	当然	副	当然	7
dào	到	前	～まで	4
dào	到	動	着く、達する。「動詞＋“到”＋場所」の形で用いて、その場所への到達を表す	10k,12
de	的	助	の	2
de	得	助	様態補語を導く	9
děng	等	動	待つ	7
děng	…等	助	～など	12
Déyǔ	德语	名	ドイツ語	6
dìtiě	地铁	名	地下鉄	10
dì yī cì	第一次		初めて、第一回目	9
dì yī tiān	第一天		一日目	11
diǎn	点	名	～時	3
diànchē	电车	名	電車	6
diànnǎo	电脑	名	パソコン	5
diànshì	电视	名	テレビ	1
diànyǐng	电影	名	映画	7,9
diànyǐngyuàn	电影院	名	映画館	12
dǒng	懂	動	～して理解する	10
dǒng	懂	動	分かる	11
Dōngjīng	东京	名	東京	4
Dōngjīngrén	东京人	名	東京の人	2
dōngxi	东西	名	物	6,8
dōu	都	副	みな	12
dòujiāng	豆浆	名	豆乳	1
Dùbiān	渡边	名	渡辺	7
duì	对	感	はい	5
duìbuqǐ	对不起		すみません	8
duìle	对了		(文頭に用いて) そうだ	11
duōcháng shíjiān	多长时间		(時間的に) どのぐらい	3
duō le	多了		ずっと～	9
duō	多	形	多い	4,8
duò	剁	動	細かく刻む､切る	12

E

èr lóu	二楼	名	2階	12k

F

fàn	饭	名	ご飯	6
fángjiān	房间	名	部屋	11
fàng	放	動	置く	11
fàng hánjià	放寒假		冬休みになる	10
fàngzài	放在		～に置く	11
fēijī	飞机	名	飛行機	7,10
fèi	费	動	かかる	12
fēn	分	名	～分	3
fēnzhōng	分钟	名	～分間	3
fēng	封	量	封入されたものを数える	10
fù	副	量	セットや組になっているものを数える	11
fùmǔ	父母	名	両親	12k
Fùshìshān	富士山	名	富士山	8
fùxí	复习	動	復習する	9,11

G

gānjìng	干净	形	清潔な	9
gǎn	擀	動	伸ばす	12
gǎnmào	感冒	動	風邪を引く	7k
gàn	干	動	する、やる	3
gāngqín	钢琴	名	ピアノ	6
gāo	高	形	高い	5
Gāo Jīng	高晶	名	高晶	12
Gāoqiáo	高桥	名	高橋	5
gàosu	告诉	動	伝える	10
gē	歌	動	歌	9
gèzi	个子	名	背丈	5
ge	个	量	個	4
gěi	给	動·前	やる､くれる；～に､～のために	10
gēn	根	量	本	12
gēn	跟	前	～と	6
gèng	更	副	さらに、もっと	12
gōnggòng qìchē	公共汽车	名	バス	7k
gōngkè	功课	名	授業の内容	9
gōngzuò	工作	動	働く、仕事をする	6
gǒu	狗	名	犬	7

gòuyòng	够用		足りる	7
guānjiàncí	关键词	名	キーワード	7
guānzài	关在	動	～に閉じこめる	11
guǎngchǎngwǔ	广场舞		広場での踊り（人々が健康または趣味のために広場で踊ること）	6
guàng	逛	動	ぶらぶら歩く、見物する	8
guì	贵	形	（値段が）高い	4
guō	锅	名	鍋	12
guò	过	動	過ごす	10
guòlai	…过来		～過ぎてくる	12
guo	过	助	～したことがある	8

H

hái	还	副	また、まだ、さらに	8
háishi	还是	接	それとも	7
Hánguó	韩国	名	韓国	9
hánjià	寒假	名	冬休み	10
Hànyǔ	汉语	名	中国語	1,4
Hànzì	汉字	名	漢字	10
hǎo	好	形	よい	1
hǎo	好	形	～して満足な状態になる	10
hǎochī	好吃	形	美味しい	9,12
hǎode	好的		いいよ	6
hǎokàn	好看	形	美しい、素晴らしい	8,9
hǎo ma	好吗		よろしいですか	11
hǎoxiàng	好像	副	～のようである、らしい	6
hào	号	名	～日	3
hē	喝	動	飲む	1
hé	和	接	～と	8
hēibǎn	黑板	名	黒板	11
hěn	很	副	とても	4
hóng	红	形	赤い	9
hóngchá	红茶	名	紅茶	1
huà	话	名	話、言ったこと	10
huàn	换	動	換える、買い換える	7
Huáng Huī	黄辉	名	黄輝	11
huí	回	動	帰る	9
huí//jiā	回家	動	帰宅する	9
huì	会	助動	～できる	6
huóhǎo	和好		こねあげる、よくこねる	12

J

jíle	极了		きわめて、大変	8
Jítián	吉田	名	吉田	10
jǐ	几	代	いくつ、いくら	3
jǐ diǎn	几点		何時	3
jiā	家	名	家	5
jiā	家	量	商店や企業を数える	11
jiāli	家里	名	家、家の中	11
Jiāténg	加藤	名	加藤	9
jiàn	件	量	衣服（主に上着）を数える	10k
jiànyì	建议	名・動	提案；提案する	5
Jiāng Wén	姜文	名	姜文	12
jiāo	教	動	教える	10
jiǎozi	饺子	名	餃子	12
jiǎozipír	饺子皮儿	名	餃子の皮	12
jiàoshì	教室	名	教室	4
jié	节	量	いくつかの区切りに分けられるものを数える	5
jiějie	姐姐	名	姉	5
jiè	借	動	借りる、貸す	11
jīnnián	今年	名	今年	3,5
jīntiān	今天	名	今日	3
jìn	近	形	近い	4
jìnqu	进去		入っていく	12
jīngcǎi	精彩	形	素晴らしい、精彩を放っている	9
jīngcháng	经常	副	常に、時々	7
jiǔ	酒	名	お酒	7
jiù	就	副	すぐに	7
jiù	就	副	時間の速さ・数量の少なさを表す	12
jiùshì	就是	副	（同意を表す）仰る通りだ、ごもっともだ	10
jiùyào…le	就要…了		もうすぐ～する	10
júzi	橘子	名	みかん	9

juéde	觉得	動	～と感じる、～と思う	9

K

kāfēi	咖啡	名	コーヒー	1
kāfēiguǎn	咖啡馆	名	コーヒーショップ	4k
kāi	开	動	運転する	6
kāi	开	動	沸く、沸す	12
kāishǐ	开始	動	始まる、始める	12
kān	看	動	見守る、番をする、世話をする	11
kàn	看	動	見る	1
kàn	看	動	読む	6
kǎoshì	考试	名	試験	9
kěyǐ	可以	助動	～していい	8
kěyǐ le	可以了		できたよ、もう大丈夫だ	7
kè	刻	名	15分間	3
kè	课	名	授業	5
kèběn	课本	名	教科書	2
kèqi	客气	動	遠慮する	8
kǒu	口	量	家族の人数を数える	5
kuài	快	形	速い	7
kuàiyào…le	快要…了		もうすぐ～する	10

L

là	辣	形	辛い	5
lái	来	動	来る	4
lāo	捞	動	すくい上げる	12
lāo shànglai	捞上来		すくい上げてくる	12
lǎoshī	老师	名	先生	2k
le	了	助	～した（動詞の後ろに付く場合）	7
le	了	助	～した（文末に用いる場合）	8
lěng	冷	形	寒い	8
lí	离	前	～から、～に	4
Lǐ Xīn	李新	名	李新	1
li	里	方	～の中	8
lǐmiàn	里面	方	中、内側	4
lìyòng	利用	動	利用する	11
liányīqún	连衣裙	名	ワンピース	11
liángkuai	凉快	形	涼しい	9
liǎng diǎn yí kè	两点一刻		2時15分	3
liǎng ge xiǎoshí	两个小时		2時間	3
liǎng rì yóu	两日游		一泊二日旅行	11
liáo//tiānr	聊天儿	動	世間話をする、雑談する	7
líng	铃	名	ベル	12
Língmù	铃木	名	鈴木	5
Liú Wěi	刘伟	名	劉偉	3
liú//xué	留学	動	留学する	10
liúxuéshēng	留学生	名	留学生	9
lù	路	名	道	9
lǚyóu	旅游	動	旅行する	11
lǜchá	绿茶	名	緑茶	10
lùnwén	论文	名	論文	10

M

ma	吗	助	か	1
mǎi	买	動	買う	5,6
mǎi dōngxi	买东西		買い物をする	6
māo	猫	名	猫	7,11
méiguānxi	没关系		構いません	12
méiwèntí	没问题		大丈夫だ	10
méiyǒu	没有	動	ない、持っていない	4,5
méiyou	没有	副	ない	8
Měiguó	美国	名	アメリカ	1
Měiguórén	美国人	名	アメリカ人	2
měitiān	每天	名	毎日	3
mèimei	妹妹	名	妹	5
ménpiào	门票	名	入場券	5
mǐ	米	名	メートル	7
miàn	面	名	小麦粉、麺類	12
miànbāo	面包	名	パン	1

N

ná	拿	動	持つ、取る、（手に）取る	12
nǎr	哪儿	代	どこ	4
nà	那	代	あれ、あの、それ、その	2
nà	那	感	では、じゃあ	3
nàr	那儿	代	あそこ、そこ	4
nán	难	形	難しい	9
ne	呢	助	～は？	3

ne	呢	助	～している	6
ne	呢	助	（平叙文に用いて、ある情報を聞き手に強く知らせたり述べたりする意を添える）よ、な、ね；（疑問文に用いて聞き手に問い質す意を添える）～のですか、～だろうか	8
nèicún	内存	名	メモリ	7
nèixiē	那些	代	あれらの	12
néng	能	助動	～できる	7
nǐ	你	代	あなた、きみ	1
nǐ kàn	你看		ほら	5
nián	年	名	～年	3
nián	年	名	～年間	3
niúnǎi	牛奶	名	牛乳	1
nuǎnhuo	暖和	形	暖かい	9

P

pá	爬	動	登る	8
pánzi	盘子	名	皿	12
pǎo	跑	動	走る	9
péngyou	朋友	名	友達	5
pīpíng	批评	動	叱る	11
piányi	便宜	形	安い	4
piào	票	名	チケット	5k
piàoliang	漂亮	形	綺麗である	11
pīngpāngqiú	乒乓球	名	卓球	11

Q

qí	骑	動	（跨がって）乗る	9
Qíyùxiàn	埼玉县	名	埼玉県	4
qiānbǐ	铅笔	名	鉛筆	2
Qiānyèxiàn	千叶县	名	千葉県	4k
qiē	切	動	切る	12
qīngchu	清楚	形	はっきりしている	11
qǐng	请	動	頼む、招く、ご馳走する	10
qù	去	動	行く	1,3
qùbuliǎo	去不了		行くことができない	11
qúnzi	裙子	名	スカート	11k

R

ràng	让	動	させる	12
rè	热	形	暑い	4
Rìběn	日本	名	日本	10
Rìběnrén	日本人	名	日本人	2
Rìyǔ	日语	名	日本語	3
ròu	肉	名	肉	12
ruǎnjiàn	软件	名	ソフトウエア、アプリケーションソフト	7

S

Shānběn	山本	名	山本	9
Shānkǒu	山口	名	山口	10
shang	上	方	上	11
shàng//kè	上课	動	授業を受ける	9k,12
Shànghǎi	上海	名	上海	1k
shàngwǔ	上午	名	午前	3
shèngxià	剩下	動	残る、余る	11
shénme	什么	代	何、何の	2
shēng//qì	生气	動	怒る	8k
shí fēnzhōng	十分钟		十分間	4
shíjiān	时间	名	時間、時刻	10
shítáng	食堂	名	食堂	5
shì	是	動	（～は）…である	2
(shì)…de	（是）…的		～のだ、～した	10
shì	试	動	試す	7
shǒujī	手机	名	携帯、スマートフォン、スマホ	2
shū	书	名	本	4,6
shūbāo	书包	名	かばん	2
shūdiàn	书店	名	書店	4
shūjià	书架	名	本棚	11
shūrù	输入	動	入力する	7
shuí/shéi	谁	代	だれ	2
shuō	说	動	話す	6
shuō//huà	说话	動	話をする	8
sòng	送	動	届ける、贈る、見送る、送る	10
sōusuǒ	搜索	動	検索する	7
sùdù	速度	名	速度	7
sùshè	宿舍	名	寮	9
suān	酸	形	酸っぱい	9
suì	岁	量	～歳	3,5

T

tā	它	代	（人間以外の事物を指す）それ、あれ	12

tā	她	代	彼女	2
tái	台	量	台	7
Táiwān	台湾	名	台湾	8k
tài hǎo le	太好了		大変いい	6
tài…le	太…了		大変～、とても～	8
Tàiguó	泰国	名	タイ	11
tán	弹	動	弾く	6
tǎolùn	讨论	動	討論する	12
tī	踢	動	蹴る	6
tī zúqiú	踢足球		サッカーをする	6
tiān	天	名	～日間	3
Tiān'ānmén Guǎngchǎng	天安门广场	名	天安門広場	8
tiānqì	天气	名	天気	5
Tiánzhōng	田中	名	田中	2
tiáo	条	量	（細長いものを数える）本	10
tiào	跳	動	踊る	6
tiào//wǔ	跳舞	動	ダンスをする	9
tiáoliào	调料	名	調味料	12
tīng	听	動	聞く	6,10
tīngshuō	听说	動	話によると～そうだ	12
tóngxué	同学	名	クラスメート、同級生	2
túshūguǎn	图书馆	名	図書館	3
túshūkǎ	图书卡	名	図書館の利用者カード	2

W

wán	完	動	～し終わる	10
wánr	玩儿	動	遊ぶ	9
wǎnshang	晚上	名	晩	6
Wáng	王	名	王（苗字）	2
Wángfǔjǐng Dàjiē	王府井大街	名	王府井大通り	8
Wáng Wéi	王唯	名	王唯	2
wēixìn	微信	名	WeChat	7
wéijīn	围巾	名	襟巻、マフラー、スカーフ	10
wèishénme	为什么	代	なぜ	10
wèn	问	動	質問する	10
wǒ	我	代	私、僕	1
Wú Píng	吴平	名	呉平	4
wǔfàn	午饭	名	昼ご飯	7

X

xǐhuan	喜欢	動	好きである	7
xià//bān	下班	動	仕事を終える	12
xiàge xīngqītiān	下个星期天		来週の日曜日	8
xià//kè	下课	動	授業が終わる	12
xiàmiàn	下面	方	次、下	7
xiàwǔ	下午	名	午後	3
xiàzài	下载	動	ダウンロードする	7
xiān	先	副	先に	12
xiànzài	现在	名	現在	3,4
xiǎng	想	助動	～したい、～したがる	6
xiǎng	响	動	鳴る	12
xiāoxi	消息	名	ニュース	10
xiǎo	小	接辞	～くん、～さん（自分と同年代以下の親しい人の一字の姓の前に付ける）	2
Xiǎolín	小林	名	小林	8
xiǎoshí	小时	名	～時間	3
xiǎoshuō	小说	名	小説	6
xiǎoxuéshēng	小学生	名	小学生	2
xiàoshùn	孝顺	動	親孝行をする	11
xiě	写	動	書く	10
xiěwán	写完		書き終える	10
xīnnián	新年	名	新年	10k
xìn	信	名	手紙	10
xìnyòngkǎ	信用卡	名	クレジットカード	2
xīngqī	星期	名	～曜日	3
xīngqī	星期	名	～週間	3
xīngqīsān	星期三		水曜日	3
xīngqītiān	星期天		日曜日	6
xíng a	行啊		いいよ、分かったよ	8
xíngli	行李	名	荷物	12
xiūxi	休息	動	休む	7
xué(xí)	学(习)	動	勉強する、習う	3
xuésheng	学生	名	学生	2
xuéxí	学习	動	学習する	1
xuéxiào	学校	名	学校	4

Y

yǎnjìng	眼镜	名	眼鏡	11
Yáng Hóng	杨红	名	楊紅	4
yào	要	動	かかる、必要である	4
yào	要	動	ほしい	9
yào	要	助動	～しなければならない、～しようとする	9
yě	也	副	も	2
yī～jiù…	一～就…		～すると…	12
yíhuàng	一晃	副	いつの間にか	10
yíhuìr	一会儿		ちょっとの間、しばらく	12
yíxià	一下	副	ちょっと	7
yìbiān～yìbiān…	一边～一边…		～しながら…する	6
(yì) diǎnr	(一) 点儿		少し	8
yìdiǎnr	一点儿		少し	9
yìqǐ	一起	副	一緒に	6
yīfu	衣服	名	服	9
yǐhòu	以后	名	以後、これから	7
Yīténg	伊藤	名	伊藤	7
yīyuàn	医院	名	病院	4
yǐzi	椅子	名	椅子	4k,11
yīnyuè	音乐	名	音楽	6
yínháng	银行	名	銀行	6
yīnggāi	应该	助動	～すべきだ	12
Yīngwénbào	英文报	名	英字新聞	11k
yòng	用	動	使う	7
yòng//gōng	用功	形・動	勉強に励む、よく勉強する	9
yóu	游	動	泳ぐ	7
yóukè	游客	名	観光客	8
yóutiáo	油条	名	(中国の細長い) 揚げパン	1
yǒu	有	動	ある、いる	4
yǒu//shì	有事	動	用事がある	7
yòu	又	副	また	7
yǔsǎn	雨伞	名	傘	12
yuánzhūbǐ	圆珠笔	名	ボールペン	5
yuǎn	远	形	遠い	4
yuè	月	名	～月	3
yuè	月	名	～か月間	3

Z

zài	在	動	ある、いる	4
zài	在	前	～で	6
zǎodiǎnr	早点儿		少し早めに	9
zǎofàn	早饭	名	朝ご飯	1
zǎoshang	早上	名	朝	1
zěnmeyàng	怎么样	代	どうであるか	5
zhāng	张	量	平たい面をもつものを数える	5
Zhāng Lì	张丽	名	張麗	10
Zhāng Yuè	张月	名	張月	1
Zhào Qí	赵奇	名	趙奇	2
zhào//xiàng	照相	動	写真を撮る	8
zhè	这	代	これ、この	2
zhège	这个	代	これ、この	5
zhème	这么	代	こんなに	9
zhème	这么	代	このような	9
zhèixiē	这些	代	これらの	8
zhe	着	助	～している、～してある	11
zhēn	真	副	実に、確かに	9
zhènghǎo	正好	副	ちょうど	8
zhèngzài	正在	副	ちょうど～している	6
zhī	枝	量	棒状のものを数える	5
zhī	只	量	対になっているものの一つ (靴下・耳・手)、動物 (鳥・羊・猫)、器具 (腕時計・籠)、船 (小舟) などを数える	11
zhìliàng	质量	名	品質	5
Zhōngcūn	中村	名	中村	8
Zhōngguó	中国	名	中国	1
Zhōngguórén	中国人	名	中国人	2
Zhōngqiūjié	中秋节	名	中秋節	11
zhōngxuéshēng	中学生	名	中高生 (日本の中学生と高校生に相当する)	2
zhòngsè qīngyǒu	重色轻友		友達より恋人を重視する	8
Zhōu Xiáng	周翔	名	周翔	11
zhǔshú	煮熟		煮える	12

zhǔnbèi	准备	動·助動	準備する；～するつもりだ	12
zhuōzi	桌子	名	机、テーブル	4
zì	字	名	文字	11
zìxíngchē	自行车	名	自転車	9,11
zǒu	走	動	歩く、結果補語として「ある場所から離れる」意を表す	11
zǒu	走	動	歩く、行く、その場から離れる	5,12
zúqiú	足球	名	サッカーボール	6
zúqiúsài	足球赛	名	サッカーの試合	5
zuìhǎo	最好	副	最もよい、できるだけ～、～したほうがよい	8
Zuǒténg	佐藤	名	佐藤	6
zuò	坐	動	乗る	6
zuò	做	動	する	6,10
zuò cài	做菜		料理をする	6
zuòyè	作业	名	宿題	9

日本語からひく語句索引

本索引には基礎編の会話、語法、練習に現れる語句を日本語訳の五十音順に配列して示してある。数字は初出の課を、数字の後ろの「k」は“课外作业”を示す。

あ

赤い	hóng	红	形	9
（中国の細長い）揚げパン	yóutiáo	油条	名	1
朝	zǎoshang	早上	名	1
朝ご飯	zǎofàn	早饭	名	1
味わう	cháng	尝	動	7
あそこ	nàr	那儿	代	4
遊ぶ	wánr	玩儿	動	9
暖かい	nuǎnhuo	暖和	形	9
暑い	rè	热	形	4
あなた	nǐ	你	代	1
姉	jiějie	姐姐	名	5
あの	nà	那	代	2
アプリケーションソフト	ruǎnjiàn	软件	名	7
あまり～ない	bú tài	不太		4
余る	shèngxià	剩下	動	11
アメリカ	Měiguó	美国	名	1
アメリカ人	Měiguórén	美国人	名	2
ある	yǒu	有	動	4
ある	zài	在	動	4
歩く	zǒu	走	動	5,12
歩く、結果補語として「ある場所から離れる」意を表す	zǒu	走	動	11
アルバイトをする	dǎ//gōng	打工	動	6
あれ	nà	那	代	2
（人間以外の事物を指す）あれ	tā	它	代	12
あれらの	nèixiē	那些	代	12
いいえ	bù	不	感·副	2
いいよ	xíng a	行啊		8
いいよ	hǎode	好的		6
家	jiā	家	名	5
家	jiāli	家里	名	11
家の中	jiāli	家里	名	11
行く	qù	去	動	1,3
行く	zǒu	走	動	5,12
行くことができない	qùbuliǎo	去不了		11
いくつ	jǐ	几	代	3
いくら	jǐ	几	代	3
以後	yǐhòu	以后	名	7
椅子	yǐzi	椅子	名	4k,11

一日目	dì yī tiān	第一天		11
一緒に	yìqǐ	一起	副	6
言ったこと	huà	话	名	10
いつの間にか	yíhuàng	一晃	副	10
一泊二日旅行	liǎng rì yóu	两日游		11
伊藤	Yīténg	伊藤	名	7
犬	gǒu	狗	名	7
妹	mèimei	妹妹	名	5
いる	yǒu	有	動	4
いる	zài	在	動	4
インストールする	ānzhuāng	安装	動	7
上	shang	上	方	11
歌	gē	歌	動	9
歌う	chàng	唱	動	9
内側	lǐmiàn	里面	方	4
打つ	dǎ	打	動	11
美しい	hǎokàn	好看	形	8,9
美しい	piàoliang	漂亮	形	11
運転する	kāi	开	動	6
映画	diànyǐng	电影	名	7,9
映画館	diànyǐngyuàn	电影院	名	12
英字新聞	Yīngwénbào	英文报	名	11k
駅	chēzhàn	车站	名	4
襟巻	wéijīn	围巾	名	10
鉛筆	qiānbǐ	铅笔	名	2
遠慮する	kèqi	客气	動	8
美味しい	hǎochī	好吃	形	9,12
王（苗字）	Wáng	王	名	2
王唯	Wáng Wéi	王唯	名	2
多い	duō	多	形	4,8
大声で	dàshēng	大声	副	8
送る	sòng	送	動	10
贈る	sòng	送	動	10
置く	fàng	放	動	11
怒る	shēng//qì	生气	動	8k
お酒	jiǔ	酒	名	7
教える	jiāo	教	動	10
（同意を表す）仰る通りだ	jiùshì	就是	副	10
踊る	tiào	跳	動	6
親孝行をする	xiàoshùn	孝顺	動	11
泳ぐ	yóu	游	動	7
音楽	yīnyuè	音乐	名	6

か

か	ma	吗	助	1
買い換える	huàn	换	動	7
買い物をする	mǎi dōngxi	买东西		6
買う	mǎi	买	動	5,6
換える	huàn	换	動	7
帰る	huí	回	動	9
かかる	yào	要	動	4
かかる	fèi	费	動	12
書き終える	xiěwán	写完		10
かき混ぜる	bàn	拌	動	12
書く	xiě	写	動	10
学習する	xuéxí	学习	動	1
学生	xuésheng	学生	名	2
～か月間	yuè	月	名	3
（眼鏡を）かける	dài	戴	動	11
傘	yǔsǎn	雨伞	名	12
貸す	jiè	借	動	11
風邪を引く	gǎnmào	感冒	動	7k
～月	yuè	月	名	3
学校	xuéxiào	学校	名	4
加藤	Jiāténg	加藤	名	9
彼女	tā	她	代	2
かばん	shūbāo	书包	名	2
構いません	méiguānxi	没关系		12
～から	cóng	从	前	4
～から	lí	离	前	4
辛い	là	辣	形	5
借りる	jiè	借	動	11
観光客	yóukè	游客	名	8
韓国	Hánguó	韩国	名	9
漢字	Hànzì	汉字	名	10
キーワード	guānjiàncí	关键词	名	7
聞く	tīng	听	動	6,10
帰宅する	huí//jiā	回家	動	9
貴重だ	bǎoguì	宝贵	形	11
きみ	nǐ	你	代	1
牛乳	niúnǎi	牛奶	名	1
教科書	kèběn	课本	名	2
今日	jīntiān	今天	名	3
餃子	jiǎozi	饺子	名	12
餃子の皮	jiǎozipír	饺子皮儿	名	12
教室	jiàoshì	教室	名	4
姜文	Jiāng Wén	姜文	名	12

着る	chuān	穿	動	11
切る	duò	剁	動	12
切る	qiē	切	動	12
綺麗である	piàoliang	漂亮	形	11
きわめて	jíle	极了		8
銀行	yínháng	银行	名	6
グラウンド	cāochǎng	操场	名	4
クラス	bān	班	名	9
クラスメート	tóngxué	同学	名	2
来る	lái	来	動	4
車	chē	车	名	6
クレジットカード	xìnyòngkǎ	信用卡	名	2
くれる	gěi	给	動	10
～くん（自分と同年代以下の親しい人の一字の姓の前に付ける）	xiǎo	小	接辞	2
携帯	shǒujī	手机	名	2
携帯する	dài	带	動	10
蹴る	tī	踢	動	6
現在	xiànzài	现在	名	3,4
検索する	sōusuǒ	搜索	動	7
見物する	guàng	逛	動	8
個	ge	个	量	4
黄輝	Huáng Huī	黄辉	名	11
高晶	Gāo Jīng	高晶	名	12
紅茶	hóngchá	红茶	名	1
コーヒー	kāfēi	咖啡	名	1
コーヒーショップ	kāfēiguǎn	咖啡馆	名	4k
黒板	hēibǎn	黑板	名	11
午後	xiàwǔ	下午	名	3
午前	shàngwǔ	上午	名	3
ご馳走する	qǐng	请	動	10
今年	jīnnián	今年	名	3,5
こねあげる	huóhǎo	和好		12
この	zhè	这	代	2
この	zhège	这个	代	5
このような	zhème	这么	代	9
小林	Xiǎolín	小林	名	8
ご飯	fàn	饭	名	6
呉平	Wú Píng	吴平	名	4
細かく刻む	duò	剁	動	12
小麦粉	miàn	面	名	12
（同意を表す）ごもっともだ	jiùshì	就是	副	10
これ	zhè	这	代	2
これ	zhège	这个	代	5
これから	yǐhòu	以后	名	7
これらの	zhèixiē	这些	代	8
こんなに	zhème	这么	代	9
コンビニ	biànlìdiàn	便利店	名	11

さ

～歳	suì	岁	量	3,5
埼玉県	Qíyùxiàn	埼玉县	名	4
先に	xiān	先	副	12
避ける	bìkāi	避开	動	8
させる	ràng	让	動	12
冊	běn	本	量	4,6
サッカーの試合	zúqiúsài	足球赛	名	5
サッカーボール	zúqiú	足球	名	6
サッカーをする	tī zúqiú	踢足球		6
雑談する	liáo//tiānr	聊天儿	動	7
佐藤	Zuǒténg	佐藤	名	6
寒い	lěng	冷	形	8
皿	pánzi	盘子	名	12
さらに	hái	还	副	8
さらに	gèng	更	副	12
される	bèi	被	前	11
～さん（自分と同年代以下の親しい人の一字の姓の前に付ける）	xiǎo	小	接辞	2
参加する	cānjiā	参加	動	7,11
30分間	bàn	半	名	3
～時	diǎn	点	名	3
～し終わる	wán	完	動	10
しかし	búguò	不过	接	12
叱る	pīpíng	批评	動	11
～時間	xiǎoshí	小时	名	3
時間	shíjiān	时间	名	10
～しきれない	buliǎo	…不了		11
試験	kǎoshì	考试	名	9
時刻	shíjiān	时间	名	10
仕事を終える	xià//bān	下班	動	12
仕事をする	gōngzuò	工作	動	6
辞書	cídiǎn	词典	名	4
下	xiàmiàn	下面	方	7
～した	(shì)…de	（是）…的		10
～した（動詞の後ろに付く場合）	le	了	助	7

～した（文末に用いる場合）	le	了	助	8
～したい、～したがる	xiǎng	想	助動	6
～したことがある	guo	过	助	8
～したほうがよい	zuìhǎo	最好	副	8
実に	zhēn	真	副	9
質問する	wèn	问	動	10
～してある	zhe	着	助	11
～していい	kěyǐ	可以	助動	8
～している	ne	呢	助	6
～している	zhe	着	助	11
～して満足な状態になる	hǎo	好	形	10
～して理解する	dǒng	懂	動	10
自転車	zìxíngchē	自行车	名	9,11
～しないで	bié	别	副	8
～しないで	búyào	不要		8
～しながら…する	yìbiān～yìbiān…	一边～一边…		6
～しなければならない	yào	要	助動	9
しばらく	yíhuìr	一会儿		12
～し間違える	cuò	错	動	10
じゃあ	nà	那	感	3
写真を撮る	zhào//xiàng	照相	動	8
上海	Shànghǎi	上海	名	1k
～週間	xīngqī	星期	名	3
15分間	kè	刻	名	3
周翔	Zhōu Xiáng	周翔	名	11
授業	kè	课	名	5
授業が終わる	xià//kè	下课	動	12
授業の内容	gōngkè	功课	名	9
授業を受ける	shàng//kè	上课	動	9k,12
宿題	zuòyè	作业	名	9
十分間	shí fēnzhōng	十分钟		4
準備する	zhǔnbèi	准备	動・助動	12
小学生	xiǎoxuéshēng	小学生	名	2
小説	xiǎoshuō	小说	名	6
～しようとする	yào	要	助動	9
食堂	shítáng	食堂	名	5
書店	shūdiàn	书店	名	4
新年	xīnnián	新年	名	10k
水曜日	xīngqīsān	星期三		3
スカート	qúnzi	裙子	名	11k
スカーフ	wéijīn	围巾	名	10
好きである	xǐhuan	喜欢	動	7

～過ぎてくる	guòlai	…过来		12
すくい上げてくる	lāo shànglai	捞上来		12
すくい上げる	lāo	捞	動	12
すぐに	jiù	就	副	7
少し	(yì)diǎnr	（一）点儿		8
少し	yìdiǎnr	一点儿		9
少し早めに	zǎodiǎnr	早点儿		9
過ごす	guò	过	動	10
鈴木	Língmù	铃木	名	5
涼しい	liángkuai	凉快	形	9
ずっと～	duō le	多了		9
酸っぱい	suān	酸	形	9
素晴らしい	hǎokàn	好看	形	9
素晴らしい	jīngcǎi	精彩	形	9
～すべきだ	yīnggāi	应该	助動	12
スマートフォン、スマホ	shǒujī	手机	名	2
すみません	duìbuqǐ	对不起		8
する	gàn	干	動	3
する	zuò	做	動	6,10
～するつもりだ	zhǔnbèi	准备	動・助動	12
～すると…	yī～jiù…	一～就…		12
～するな	bié	别	副	8
～するな	búyào	不要		8
清潔な	gānjìng	干净	形	9
精彩を放っている	jīngcǎi	精彩	形	9
世間話をする	liáo//tiānr	聊天儿	動	7
背丈	gèzi	个子	名	5
世話をする	kān	看	動	11
先生	lǎoshī	老师	名	2k
（文頭に用いて）そうだ	duìle	对了		11
速度	sùdù	速度	名	7
そこ	nàr	那儿	代	4
卒業する	bì//yè	毕业	動	10
その	nà	那	代	2
ソフトウエア	ruǎnjiàn	软件	名	7
それ	nà	那	代	2
（人間以外の事物を指す）それ	tā	它	代	12
それとも	háishi	还是	接	7

た

タイ	Tàiguó	泰国	名	11
台	tái	台	量	7

第一回目	dì yī cì	第一次		9
大学	dàxué	大学	名	2,3
大学生	dàxuéshēng	大学生	名	2
大丈夫だ	méiwèntí	没问题		10
大切だ	bǎoguì	宝贵	形	11
大変	jíle	极了		8
大変～	tài…le	太…了		8
大変いい	tài hǎo le	太好了		6
台湾	Táiwān	台湾	名	8k
ダウンロードする	xiàzài	下载	動	7
（値段が）高い	guì	贵	形	4
高い	gāo	高	形	5
高橋	Gāoqiáo	高桥	名	5
確かに	zhēn	真	副	9
卓球	pīngpāngqiú	乒乓球	名	11
達する。「動詞＋“到”＋場所」の形で用いて、その場所への到達を表す	dào	到	動	10k,12
田中	Tiánzhōng	田中	名	2
頼む	qǐng	请	動	10
たばこを吸う	chōu//yān	抽烟	動	8
食べる	chī	吃	動	1
食べる	cháng	尝	動	7
試す	shì	试	動	7
足りない	chà	差	動	3
足りる	gòuyòng	够用		7
だれ	shuí/shéi	谁	代	2
～だろうか	ne	呢	助	8
ダンスをする	tiào//wǔ	跳舞	動	9
近い	jìn	近	形	4
地下鉄	dìtiě	地铁	名	10
チケット	piào	票	名	5k
遅刻する	chídào	迟到	動	8
千葉県	Qiānyèxiàn	千叶县	名	4k
茶	chá	茶	名	1
中高生	zhōngxuéshēng	中学生	名	2
中国	Zhōngguó	中国	名	1
中国語	Hànyǔ	汉语	名	1,4
中国人	Zhōngguórén	中国人	名	2
中秋節	Zhōngqiūjié	中秋节	名	11
張月	Zhāng Yuè	张月	名	1
趙奇	Zhào Qí	赵奇	名	2
ちょうど	zhènghǎo	正好	副	8
ちょうど～している	zhèngzài	正在	副	6
調味料	tiáoliào	调料	名	12
朝陽スーパーマーケット	Cháoyáng Chāoshì	朝阳超市	名	4
張麗	Zhāng Lì	张丽	名	10
ちょっと	yíxià	一下	副	7
ちょっとの間	yíhuìr	一会儿		12
陳冬	Chén Dōng	陈冬	名	3
使う	yòng	用	動	7
次	xiàmiàn	下面	方	7
着く。「動詞＋“ 到 ”＋場所」の形で用いて、その場所への到達を表す	dào	到	動	12
机	zhuōzi	桌子	名	4
（餃子を）作る	bāo	包	動	12
伝える	gàosu	告诉	動	10
包む	bāo	包	動	12
常に	jīngcháng	经常	副	7
～で	zài	在	前	6
（～は）…である	shì	是	動	2
提案	jiànyì	建议	名	5
提案する	jiànyì	建议	動	5
テーブル	zhuōzi	桌子	名	4
手紙	xìn	信	名	10
できたよ	kěyǐ le	可以了		7
～できる	huì	会	助動	6
～できる	néng	能	助動	7
できるだけ～	zuìhǎo	最好	副	8
では	nà	那	感	3
デパート	bǎihuò shāngdiàn	百货商店	名	11
テレビ	diànshì	电视	名	1
天安門広場	Tiān’ānmén Guǎngchǎng	天安门广场	名	8
天気	tiānqì	天气	名	5
電車	diànchē	电车	名	6
～と	gēn	跟	前	6
～と	hé	和	接	8
ドイツ語	Déyǔ	德语	名	6
同級生	tóngxué	同学	名	2
東京	Dōngjīng	东京	名	4
東京の人	Dōngjīngrén	东京人	名	2
当然	dāngrán	当然	副	7
どうであるか	zěnmeyàng	怎么样	代	5
豆乳	dòujiāng	豆浆	名	1
討論する	tǎolùn	讨论	動	12
遠い	yuǎn	远	形	4
～と思う	juéde	觉得	動	9

～と感じる	juéde	觉得	動	9
時々	jīngcháng	经常	副	7
どこ	nǎr	哪儿	代	4
ところが	búguò	不过	接	12
図書館	túshūguǎn	图书馆	名	3
図書館の利用者カード	túshūkǎ	图书卡	名	2
とても	hěn	很	副	4
とても～	tài…le	太…了		8
届ける	sòng	送	動	10
（時間的に）どのぐらい	duōcháng shíjiān	多长时间		3
友達	péngyou	朋友	名	5
友達より恋人を重視する	zhòngsè qīngyǒu	重色轻友		8
取り付ける	ānzhuāng	安装	動	7
取る	ná	拿	動	12
（手に）取る	ná	拿	動	12

な

な	ne	呢	助	8
～（し）ない	bù	不	副	1
～（では）ない	bù	不	副	2
ない	méiyǒu	没有	動	4,5
ない	méiyou	没有	副	8
中	lǐmiàn	里面	方	4
中村	Zhōngcūn	中村	名	8
なぜ	wèishénme	为什么	代	10
～など	děng	…等	助	12
何	shénme	什么	代	2
鍋	guō	锅	名	12
習う	xué(xí)	学(习)	動	3
鳴る	xiǎng	响	動	12
何時	jǐ diǎn	几点		3
何の	shénme	什么	代	2
～に	lí	离	前	4
～に	gěi	给	前	10
煮える	zhǔshú	煮熟		12
～に置く	fàngzài	放在		11
2階	èr lóu	二楼	名	12k
～にかき混ぜる	bànzài	拌在		12
肉	ròu	肉	名	12
2時間	liǎng ge xiǎoshí	两个小时		3
2時15分	liǎng diǎn yí kè	两点一刻		3
～日	hào	号	名	3
～日間	tiān	天	名	3
日曜日	xīngqītiān	星期天		6
～に閉じこめる	guānzài	关在	動	11
日本	Rìběn	日本	名	10
日本語	Rìyǔ	日语	名	3
日本人	Rìběnrén	日本人	名	2
～に持ち帰ってあげる	dàigěi	带给		10
荷物	xíngli	行李	名	12
入場券	ménpiào	门票	名	5
ニュース	xiāoxi	消息	名	10
入力する	shūrù	输入	動	7
ね	ne	呢	助	8
ネギ	cōng	葱	名	12
猫	māo	猫	名	7,11
～年	nián	年	名	3
～年間	nián	年	名	3
年齢が上である	dà	大	形	9k
の	de	的	助	2
残る	shèngxià	剩下	動	11
～のだ	(shì)…de	（是）…的		10
～のために	gěi	给	前	10
～のですか	ne	呢	助	8
～の中	li	里	方	8
伸ばす	gǎn	擀	動	12
登る	pá	爬	動	8
飲む	hē	喝	動	1
～のようである	hǎoxiàng	好像	副	6
乗る	zuò	坐	動	6
（跨がって）乗る	qí	骑	動	9

は

～は？	ne	呢	助	3
杯	bēi	杯	量	7
はい	duì	对	感	5
入っていく	jìnqu	进去		12
白菜	báicài	白菜	名	12
始まる	kāishǐ	开始	動	12
初めて	dì yī cì	第一次		9
始める	kāishǐ	开始	動	12
走る	pǎo	跑	動	9
バス	gōnggòng qìchē	公共汽车	名	7k
バス停	chēzhàn	车站	名	4
パソコン	diànnǎo	电脑	名	5
働く	gōngzuò	工作	動	6

はっきりしている	qīngchu	清楚	形	11
話によると～そうだ	tīngshuō	听说	動	12
話をする	shuō//huà	说话	動	8
話	huà	话	名	10
話す	shuō	说	動	6
速い	kuài	快	形	7
晩	wǎnshang	晚上	名	6
パン	miànbāo	面包	名	1
番をする	kān	看	動	11
ピアノ	gāngqín	钢琴	名	6
弾く	tán	弹	動	6
飛行機	fēijī	飞机	名	7,10
必要である	yào	要	動	4
病院	yīyuàn	医院	名	4
昼ご飯	wǔfàn	午饭	名	7
広場での踊り（人々が健康または趣味のために広場で踊ること）	guǎngchǎngwǔ	广场舞		6
品質	zhìliàng	质量	名	5
服	yīfu	衣服	名	9
復習する	fùxí	复习	動	9,11
富士山	Fùshìshān	富士山	名	8
冬休み	hánjià	寒假	名	10
冬休みになる	fàng hánjià	放寒假		10
ぶらぶら歩く	guàng	逛	動	8
～分	fēn	分	名	3
～分間	fēnzhōng	分钟	名	3
北京	Běijīng	北京	名	1
北京ダック	Běijīng kǎoyā	北京烤鸭	名	6
北京動物園	Běijīng Dòngwùyuán	北京动物园	名	5
部屋	fángjiān	房间	名	11
ベル	líng	铃	名	12
勉強する	xué(xí)	学(习)	動	3
勉強に励む	yòng//gōng	用功	動	9
ボールペン	yuánzhūbǐ	圆珠笔	名	5
僕	wǒ	我	代	1
ほしい	yào	要	動	9
ほら	nǐ kàn	你看		5
（細長いものを数える）本	tiáo	条	量	10
本	gēn	根	量	12
本	shū	书	名	4,6
本棚	shūjià	书架	名	11

ま

毎日	měitiān	每天	名	3
また	yòu	又	副	7
また	hái	还	副	8
まだ	hái	还	副	8
待つ	děng	等	動	7
～まで	dào	到	前	4
招く	qǐng	请	動	10
マフラー	wéijīn	围巾	名	10
見送る	sòng	送	動	10
みかん	júzi	橘子	名	9
道	lù	路	名	9
みな	dōu	都	副	12
見守る	kān	看	動	11
見る	kàn	看	動	1
難しい	nán	难	形	9
メートル	mǐ	米	名	7
眼鏡	yǎnjìng	眼镜	名	11
メモリ	nèicún	内存	名	7
麺類	miàn	面	名	12
も	yě	也	副	2
もうすぐ～する	kuàiyào/jiùyào…le	快要／就要…了		10
もう大丈夫だ	kěyǐ le	可以了		7
文字	zì	字	名	11
もたらす	dàigěi	带给		10
持つ	dài	带	動	10
持つ	ná	拿	動	12
持っていない	méiyǒu	没有	動	5
もっと	gèng	更	副	12
最もよい	zuìhǎo	最好	副	8
物	dōngxi	东西	名	6,8

や

安い	piányi	便宜	形	4
休む	xiūxi	休息	動	7
山口	Shānkǒu	山口	名	10
山本	Shānběn	山本	名	9
やる	gàn	干	動	3
やる	gěi	给	動	10
よ	ne	呢	助	8
よい	hǎo	好	形	1
よい	búcuò	不错		5
楊紅	Yáng Hóng	杨红	名	4

用事がある	yǒu//shì	有事	動	7
～曜日	xīngqī	星期	名	3
よくこねる	huóhǎo	和好		12
よく勉強する	yòng//gōng	用功	形	9
吉田	Jítián	吉田	名	10
読む	kàn	看	動	6
～より	bǐ	比	前	9
よろしいですか	hǎo ma	好吗		11

ら

来週の日曜日	xiàge xīngqītiān	下个星期天		8
らしい	hǎoxiàng	好像	副	6
李新	Lǐ Xīn	李新	名	1
劉偉	Liú Wěi	刘伟	名	3
留学する	liú//xué	留学	動	10
留学生	liúxuéshēng	留学生	名	9
寮	sùshè	宿舍	名	9
両親	fùmǔ	父母	名	12k
利用する	lìyòng	利用	動	11
料理	cài	菜	名	5
料理をする	zuò cài	做菜		6
緑茶	lǜchá	绿茶	名	10
旅行する	lǚyóu	旅游	動	11
レポート	bàogào	报告	名	10
論文	lùnwén	论文	名	10

わ

沸す	kāi	开	動	12
分かったよ	xíng a	行啊		8
分かる	dǒng	懂	動	11
沸く	kāi	开	動	12
私	wǒ	我	代	1
渡辺	Dùbiān	渡边	名	7
悪くない	búcuò	不错		5
ワンピース	liányīqún	连衣裙	名	11
王府井大通り	Wángfǔjǐng Dàjiē	王府井大街	名	8

を

～を	bǎ	把	前	12
～をする	dǎ	打	動	11

その他

WeChat	wēixìn	微信	名	7

【日本の都道府県】

都道府県名		都道府県庁所在地	
☐ 爱媛县	Àiyuán xiàn	☐ 松山市	Sōngshān shì
☐ 爱知县	Àizhī xiàn	☐ 名古屋市	Mínggǔwū shì
☐ 北海道	Běihǎidào	☐ 札幌市	Zháhuǎng shì
☐ 兵库县	Bīngkù xiàn	☐ 神户市	Shénhù shì
☐ 茨城县	Cíchéng xiàn	☐ 水户市	Shuǐhù shì
☐ 长崎县	Chángqí xiàn	☐ 长崎市	Chángqí shì
☐ 长野县	Chángyě xiàn	☐ 长野市	Chángyě shì
☐ 冲绳县	Chōngshéng xiàn	☐ 那霸市	Nàbà shì
☐ 大阪府	Dàbǎn fǔ	☐ 大阪市	Dàbǎn shì
☐ 大分县	Dàfēn xiàn	☐ 大分市	Dàfēn shì
☐ 岛根县	Dǎogēn xiàn	☐ 松江市	Sōngjiāng shì
☐ 德岛县	Dédǎo xiàn	☐ 德岛市	Dédǎo shì
☐ 东京都	Dōngjīng dū		
☐ 福冈县	Fúgāng xiàn	☐ 福冈市	Fúgāng shì
☐ 福岛县	Fúdǎo xiàn	☐ 福岛市	Fúdǎo shì
☐ 福井县	Fújǐng xiàn	☐ 福井市	Fújǐng shì
☐ 富山县	Fùshān xiàn	☐ 富山市	Fùshān shì
☐ 冈山县	Gāngshān xiàn	☐ 冈山市	Gāngshān shì
☐ 高知县	Gāozhī xiàn	☐ 高知市	Gāozhī shì
☐ 宫城县	Gōngchéng xiàn	☐ 仙台市	Xiāntái shì
☐ 宫崎县	Gōngqí xiàn	☐ 宫崎市	Gōngqí shì
☐ 广岛县	Guǎngdǎo xiàn	☐ 广岛市	Guǎngdǎo shì
☐ 和歌山县	Hégēshān xiàn	☐ 和歌山市	Hégēshān shì
☐ 京都府	Jīngdū fǔ	☐ 京都市	Jīngdū shì
☐ 静冈县	Jìnggāng xiàn	☐ 静冈市	Jìnggāng shì
☐ 枥木县	Lìmù xiàn	☐ 宇都宫市	Yǔdūgōng shì
☐ 鹿儿岛县	Lù'érdǎo xiàn	☐ 鹿儿岛市	Lù'érdǎo shì
☐ 奈良县	Nàiliáng xiàn	☐ 奈良市	Nàiliáng shì
☐ 鸟取县	Niǎoqǔ xiàn	☐ 鸟取市	Niǎoqǔ shì
☐ 埼玉县	Qíyù xiàn	☐ 埼玉市	Qíyù shì
☐ 岐阜县	Qífù xiàn	☐ 岐阜市	Qífù shì
☐ 千叶县	Qiānyè xiàn	☐ 千叶市	Qiānyè shì
☐ 青森县	Qīngsēn xiàn	☐ 青森市	Qīngsēn shì
☐ 秋田县	Qiūtián xiàn	☐ 秋田市	Qiūtián shì
☐ 群马县	Qúnmǎ xiàn	☐ 前桥市	Qiánqiáo shì
☐ 三重县	Sānchóng xiàn	☐ 津市	Jīn shì
☐ 山口县	Shānkǒu xiàn	☐ 山口市	Shānkǒu shì
☐ 山梨县	Shānlí xiàn	☐ 甲府市	Jiǎfǔ shì
☐ 山形县	Shānxíng xiàn	☐ 山形市	Shānxíng shì
☐ 神奈川县	Shénnàichuān xiàn	☐ 横滨市	Héngbīn shì
☐ 石川县	Shíchuān xiàn	☐ 金泽市	Jīnzé shì
☐ 香川县	Xiāngchuān xiàn	☐ 高松市	Gāosōng shì
☐ 新潟县	Xīnxì xiàn	☐ 新潟市	Xīnxì shì
☐ 熊本县	Xióngběn xiàn	☐ 熊本市	Xióngběn shì
☐ 岩手县	Yánshǒu xiàn	☐ 盛冈市	Shènggāng shì
☐ 滋贺县	Zīhè xiàn	☐ 大津市	Dàjīn shì
☐ 佐贺县	Zuǒhè xiàn	☐ 佐贺市	Zuǒhè shì

中　国　語

		1	2	3	4	5	6	7	8	9	10	11	12	13	14	15	16	17	18	19
	韻母 / 声母	a	o	e	ai	ei	ao	ou	an	en	ang	eng	ong	i			ia	ie	iao	iou -iu
														[ɿ]	[ʅ]	[i]				
イ	ゼロ	a	o	e	ai	ei	ao	ou	an	en	ang	eng				yi	ya	ye	yao	you
ロ	b	ba	bo		bai	bei	bao		ban	ben	bang	beng				bi		bie	biao	
ハ	p	pa	po		pai	pei	pao	pou	pan	pen	pang	peng				pi		pie	piao	
ニ	m	ma	mo	me	mai	mei	mao	mou	man	men	mang	meng				mi		mie	miao	miu
ホ	f	fa	fo			fei		fou	fan	fen	fang	feng								
ヘ	d	da		de	dai	dei	dao	dou	dan	den	dang	deng	dong			di		die	diao	diu
ト	t	ta		te	tai		tao	tou	tan		tang	teng	tong			ti		tie	tiao	
チ	n	na		ne	nai	nei	nao	nou	nan	nen	nang	neng	nong			ni		nie	niao	niu
リ	l	la		le	lai	lei	lao	lou	lan		lang	leng	long			li	lia	lie	liao	liu
ヌ	g	ga		ge	gai	gei	gao	gou	gan	gen	gang	geng	gong							
ル	k	ka		ke	kai	kei	kao	kou	kan	ken	kang	keng	kong							
ヲ	h	ha		he	hai	hei	hao	hou	han	hen	hang	heng	hong							
ワ	j															ji	jia	jie	jiao	jiu
カ	q															qi	qia	qie	qiao	qiu
ヨ	x															xi	xia	xie	xiao	xiu
タ	zh	zha		zhe	zhai	zhei	zhao	zhou	zhan	zhen	zhang	zheng	zhong		zhi					
レ	ch	cha		che	chai		chao	chou	chan	chen	chang	cheng	chong		chi					
ソ	sh	sha		she	shai	shei	shao	shou	shan	shen	shang	sheng			shi					
ツ	r			re			rao	rou	ran	ren	rang	reng	rong		ri					
ネ	z	za		ze	zai	zei	zao	zou	zan	zen	zang	zeng	zong	zi						
ナ	c	ca		ce	cai		cao	cou	can	cen	cang	ceng	cong	ci						
ラ	s	sa		se	sai		sao	sou	san	sen	sang	seng	song	si						

音　節　表

20	21	22	23	24	25	26	27	28	29	30	31	32	33	34	35	36	37	38
ian	in	iang	ing	iong	u	ua	uo	uai	uei -ui	uan	uen -un	uang	ueng	ü	üe	üan	ün	er
yan	yin	yang	ying	yong	wu	wa	wo	wai	wei	wan	wen	wang	weng	yu	yue	yuan	yun	
bian	bin		bing		bu													
pian	pin		ping		pu													
mian	min		ming		mu													
					fu													
dian			ding		du		duo		dui	duan	dun							
tian			ting		tu		tuo		tui	tuan	tun							
nian	nin	niang	ning		nu		nuo			nuan				nü	nüe			
lian	lin	liang	ling		lu		luo			luan	lun			lü	lüe			
					gu	gua	guo	guai	gui	guan	gun	guang						
					ku	kua	kuo	kuai	kui	kuan	kun	kuang						
					hu	hua	huo	huai	hui	huan	hun	huang						
jian	jin	jiang	jing	jiong										ju	jue	juan	jun	
qian	qin	qiang	qing	qiong										qu	que	quan	qun	
xian	xin	xiang	xing	xiong										xu	xue	xuan	xun	
					zhu	zhua	zhuo	zhuai	zhui	zhuan	zhun	zhuang						
					chu	chua	chuo	chuai	chui	chuan	chun	chuang						
					shu	shua	shuo	shuai	shui	shuan	shun	shuang						
					ru	rua	ruo		rui	ruan	run							
					zu		zuo		zui	zuan	zun							
					cu		cuo		cui	cuan	cun							
					su		suo		sui	suan	sun							

中国全図

乌鲁木齐
Wūlǔmùqí
新疆维吾尔自治区
Xīnjiāng Wéiwú'ěr Zìzhìqū
甘肃省
Gānsù Shěng
宁夏回族自治区
Níngxià Huízú Zìzhìqū
银川
Yínchuān
青海省
Qīnghǎi Shěng
西宁
Xīníng
兰州
Lánzhōu
西藏自治区
Xīzàng Zìzhìqū
拉萨
Lāsà
四川省
Sìchuān Shěng
成都
Chéngdū
贵州省
Guìzhōu Shěng
贵阳
Guìyáng
云南省
Yúnnán Shěng
昆明
Kūnmíng

黑龙江省
Hēilōngjiāng Shěng
哈尔滨
Hā'ěrbīn
长春
Chángchūn
吉林省
Jílín Shěng
内蒙古自治区
Nèi-Měnggǔ Zìzhìqū
沈阳
Shěnyáng
辽宁省
Liáoníng Shěng
呼和浩特
Hūhéhàotè
北京市
Běijīng Shì
河北省
Héběi Shěng
天津市
Tiānjīn Shì
太原
Tàiyuán
石家庄
Shíjiāzhuāng
济南
Jǐnán
山西省
Shānxī Shěng
山东省
Shāndōng Shěng
西安
Xī'ān
郑州
Zhèngzhōu
江苏省
Jiāngsū Shěng
河南省
Hénán Shěng
安徽省
Ānhuī Shěng
南京
Nánjīng
上海市
Shànghǎi Shì
合肥
Héféi
湖北省
Húběi Shěng
杭州
Hángzhōu
武汉
Wǔhàn
长沙
Chángshā
浙江省
Zhèjiāng Shěng
南昌
Nánchāng
湖南省
Húnán Shěng
福建省
Fújiàn Shěng
江西省
Jiāngxī Shěng
台北
Táiběi
福州
Fúzhōu
广西壮族自治区
Guǎngxī Zhuàngzú Zìzhìqū
台湾
Táiwān
广东省
Guǎngdōng Shěng
南宁
Nánníng
广州
Guǎngzhōu
香港
Xiānggǎng
澳门
Àomén
海口
Hǎikǒu
海南省
Hǎinán Shěng

著　者（五十音順）
王　　学群（元東洋大学経営学部・教授）
佐々木俊雄（東洋大学経営学部・講師）

イラスト
長岡　理恵

装　丁
(株)アイ・ビーンズ

身近なことから学ぶ基礎中国語

2023年3月31日　初版発行
2024年3月29日　第2刷発行

著　者　王学群・佐々木俊雄
発行者　佐藤和幸
発行所　白 帝 社
〒171-0014 東京都豊島区池袋2-65-1
TEL　03-3986-3271
FAX　03-3986-3272(営)／03-3986-8892(編)
https://www.hakuteisha.co.jp
組版・印刷・製本　モリモト印刷

Printed in Japan〈検印省略〉6914
ISBN 978-4-86398-559-9

*定価は表紙に表示してあります。

第 1 課　课外作业 Kèwàizuòyè

学籍番号　　　　　　　　名前　　　　　　　　曜日・時限

♪ B46

1. 音声を聞いて、単語を簡体字とピンインで書きなさい。

（1）簡体字（　　　　　　　）　ピンイン（　　　　　　　）

（2）簡体字（　　　　　　　）　ピンイン（　　　　　　　）

（3）簡体字（　　　　　　　）　ピンイン（　　　　　　　）

（4）簡体字（　　　　　　　）　ピンイン（　　　　　　　）

2. 日本語の意味になるよう空欄を埋めなさい。

（1）彼女は豆乳を飲む。

（　　　　　）hē dòujiāng.

（2）あなたは朝ご飯を食べますか。

Nǐ chī zǎofàn（　　　　　）？

（3）彼はアメリカに行かない。

Tā（　　　　　）qù Měiguó.

3. 次の日本語を中国語に訳しなさい。簡体字とピンインで書くこと。

（1）私は中国語を勉強する。

簡体字：

ピンイン：

（2）あなたは上海に行きますか。　（上海 Shànghǎi 名 上海）

簡体字：

ピンイン：

（3）彼らはテレビを見ない。

簡体字：

ピンイン：

第２課　课外作业 Kèwàizuòyè

学籍番号　　　　　　　　名前　　　　　　　　曜日・時限

♪ B47

1. 音声を聞いて、単語を簡体字とピンインで書きなさい。

(1) 簡体字（　　　　　　　）　ピンイン（　　　　　　　）

(2) 簡体字（　　　　　　　）　ピンイン（　　　　　　　）

(3) 簡体字（　　　　　　　）　ピンイン（　　　　　　　）

(4) 簡体字（　　　　　　　）　ピンイン（　　　　　　　）

2. 日本語の意味になるよう空欄を埋めなさい。

(1) 彼は中国人ではありません。

Tā（　　　　　　　　　）Zhōngguórén.

(2) あれは私の携帯電話です。

（　　　　　　　　　　　　　　　　）shǒujī.

(3) 彼女は誰ですか。

Tā（　　　　　　　　　）?

3. 次の日本語を中国語に訳しなさい。簡体字とピンインで書くこと。

(1) 私は日本人です。

簡体字：

ピンイン：

(2) 彼女は私たちの先生です。　（老师 lǎoshī 名 先生）

簡体字：

ピンイン：

(3) あなたは何を食べますか。

簡体字：

ピンイン：

第３課　课外作业 Kèwàizuòyè

学籍番号　　　　　　　　名前　　　　　　　　曜日・時限

B48

1. 音声を聞いて、単語を簡体字とピンインで書きなさい。

（1）簡体字（　　　　　　　　）　ピンイン（　　　　　　　　）

（2）簡体字（　　　　　　　　）　ピンイン（　　　　　　　　）

（3）簡体字（　　　　　　　　）　ピンイン（　　　　　　　　）

（4）簡体字（　　　　　　　　）　ピンイン（　　　　　　　　）

2. 日本語の意味になるよう空欄を埋めなさい。

（1）今日は何月何日ですか。

Jīntiān（　　　　　　　　　　　　　　　　）?

（2）今日は土曜日ではありません。

Jīntiān bú shì（　　　　　　　　　　）.

（3）11 時まであと 3 分です。

Xiànzài chà（　　　　　）fēn（　　　　　）diǎn.

3. 次の日本語を中国語に訳しなさい。簡体字とピンインで書くこと。

（1）明日は木曜日です。

簡体字：

ピンイン：

（2）今年は 2019 年ではありません。

簡体字：

ピンイン：

（3）現在 10 時 17 分です。

簡体字：

ピンイン：

第4課　课外作业 Kèwàizuòyè

学籍番号　　　　名前　　　　曜日・時限

B49

1. 音声を聞いて、単語を簡体字とピンインで書きなさい。

（1）簡体字（　　　　　）　ピンイン（　　　　　）

（2）簡体字（　　　　　）　ピンイン（　　　　　）

（3）簡体字（　　　　　）　ピンイン（　　　　　）

（4）簡体字（　　　　　）　ピンイン（　　　　　）

2. 日本語の意味になるよう空欄を埋めなさい。

（1）あそこにコーヒーショップがある。　（咖啡馆 kāfēiguǎn 名 コーヒーショップ）

（　　　　　）kāfēiguǎn.

（2）図書館は駅からあまり遠くない。

Túshūguǎn（　　　）chēzhàn（　　　　　）.

（3）私は毎日千葉県から学校に来ます。　（千叶县 Qiānyèxiàn 名 千葉県）

Wǒ měitiān（　　　）Qiānyèxiàn（　　　）xuéxiào.

3. 次の日本語を中国語に訳しなさい。簡体字とピンインで書くこと。

（1）ここに椅子があります。　（椅子 yǐzi 名 椅子）

簡体字：

ピンイン：

（2）先生は北京にいます。

簡体字：

ピンイン：

（3）今日は暑くない。

簡体字：

ピンイン：

第５課　课外作业 Kèwàizuòyè

学籍番号　　　　　　　　名前　　　　　　　　曜日・時限

♪ B50

1. 音声を聞いて、単語を簡体字とピンインで書きなさい。

(1) 簡体字（　　　　　　　　）　ピンイン（　　　　　　　　）

(2) 簡体字（　　　　　　　　）　ピンイン（　　　　　　　　）

(3) 簡体字（　　　　　　　　）　ピンイン（　　　　　　　　）

(4) 簡体字（　　　　　　　　）　ピンイン（　　　　　　　　）

2. 日本語の意味になるよう空欄を埋めなさい。

(1) 私の母はあなたたちの学校の先生です。

（　　　　　　　　）shì（　　　　　　　　）de lǎoshī.

(2) 今日は授業が３コマある。

Jīntiān yǒu（　　　　　　　　）.

(3) 私の家は５人家族です。

Wǒ jiā yǒu（　　　　　　　　）.

3. 次の日本語を中国語に訳しなさい。簡体字とピンインで書くこと。

(1) 私はチケットを２枚持っています。　（票 piào 名 チケット）

簡体字：

ピンイン：

(2) あなたは今日大学に行きますか。〈反復疑問文で〉

簡体字：

ピンイン：

(3) 今日は天気がとても良い。

簡体字：

ピンイン：

第6課　课外作业 Kèwàizuòyè

学籍番号　　　　　　　　　　　名前　　　　　　　　　　　曜日・時限

♪ B51

1. 音声を聞いて、単語を簡体字とピンインで書きなさい。

(1) 簡体字（　　　　　　　　）　ピンイン（　　　　　　　　）

(2) 簡体字（　　　　　　　　）　ピンイン（　　　　　　　　）

(3) 簡体字（　　　　　　　　）　ピンイン（　　　　　　　　）

(4) 簡体字（　　　　　　　　）　ピンイン（　　　　　　　　）

2. 日本語の意味になるよう空欄を埋めなさい。

(1) 彼女はちょうど料理をしているところだ。

Tā（　　　　　　　　）zuò cài（　　　　　　）.

(2) 私は中華料理が食べたい。

Wǒ（　　　　　　　　　　　　）Zhōngguócài.

(3) 私は“广场舞”をすることができません。

Wǒ（　　　　　　　　　　　　）tiào guǎngchǎngwǔ.

3. 次の日本語を中国語に訳しなさい。簡体字とピンインで書くこと。

(1) 私は日曜日に買い物に行きます。

簡体字：

ピンイン：

(2) 彼は毎晩図書館で勉強する。

簡体字：

ピンイン：

(3) 彼女は英語が話せる。

簡体字：

ピンイン：

第7課　课外作业 Kèwàizuòyè

学籍番号　　　　　　　　　　名前　　　　　　　　　　曜日・時限

♪ B52

1. 音声を聞いて、単語を簡体字とピンインで書きなさい。

(1) 簡体字（　　　　　　　　）　ピンイン（　　　　　　　　）

(2) 簡体字（　　　　　　　　）　ピンイン（　　　　　　　　）

(3) 簡体字（　　　　　　　　）　ピンイン（　　　　　　　　）

(4) 簡体字（　　　　　　　　）　ピンイン（　　　　　　　　）

2. 日本語の意味になるよう空欄を埋めなさい。

(1) 彼はまた携帯電話を換えた。

Tā yòu（　　　　　　　　　　　　）yì tái shǒujī.

(2) 私はちょっと試してみます。

Wǒ（　　　　　　　　　　　　　　　）.

(3) 私は風邪を引いたので、来ることができません。（感冒 gǎnmào 動 風邪を引く）

Wǒ（　　　　　　　　　　　　）, bù néng lái.

3. 次の日本語を中国語に訳しなさい。簡体字とピンインで書くこと。

(1) 私はコーヒーを３杯飲んだ。

簡体字：

ピンイン：

(2) 彼はその本を買わなかった。

簡体字：

ピンイン：

(3) あなたは電車に乗りますか、それともバスに乗りますか。

（公共汽车 gōnggòng qìchē 名 バス）

簡体字：

ピンイン：

第８課　课外作业 Kèwàizuòyè

学籍番号　　　　　　　　　　名前　　　　　　　　　　曜日・時限

B53

1. 音声を聞いて、単語を簡体字とピンインで書きなさい。

（1）簡体字（　　　　　　　）　ピンイン（　　　　　　　）

（2）簡体字（　　　　　　　）　ピンイン（　　　　　　　）

（3）簡体字（　　　　　　　）　ピンイン（　　　　　　　）

（4）簡体字（　　　　　　　）　ピンイン（　　　　　　　）

2. 日本語の意味になるよう空欄を埋めなさい。

（1）暑くなった。

Tiānqì（　　　　　　　　　　）.

（2）怒らないで！　　　　　　　　（生气 shēng//qì 動 怒る）

Nǐ（　　　　　　　　　　）！

（3）昨日は観光客が実に多かった。

Zuótiān yóukè（　　　　　　　　　　）.

3. 次の日本語を中国語に訳しなさい。簡体字とピンインで書くこと。

（1）彼は大学生になった。

簡体字：

ピンイン：

（2）私はまだ台湾に行ったことがない。　　　　（台湾 Táiwān 名 台湾）

簡体字：

ピンイン：

（3）ここで写真を撮ってもいいですよ。（ここで写真を撮ることができます。）

簡体字：

ピンイン：

第９課　课外作业 Kèwàizuòyè

学籍番号　　　　　　名前　　　　　　曜日・時限

B54
1. 音声を聞いて、単語を簡体字とピンインで書きなさい。

（1）簡体字（　　　　　　）　ピンイン（　　　　　　）

（2）簡体字（　　　　　　）　ピンイン（　　　　　　）

（3）簡体字（　　　　　　）　ピンイン（　　　　　　）

（4）簡体字（　　　　　　）　ピンイン（　　　　　　）

2. 日本語の意味になるよう空欄を埋めなさい。

（1）今日は昨日ほど暖かくない。

Jīntiān（　　　　　　）zuótiān nàme（　　　　　　）.

（2）あちらで食事をしている人は誰ですか。

Zài nèibiān zhèngzài（　　　　　　　　　　）shì shéi?

（3）私たちのクラスに留学生は一人もいない。

Wǒmen bān liúxuéshēng（　　　　　　　　　　）.

3. 次の日本語を中国語に訳しなさい。簡体字とピンインで書くこと。

（1）彼女は私より２歳年上だ。　（大 dà 形 年齢が上である）

簡体字：

ピンイン：

（2）私の母は料理をするのがとても上手だ。

簡体字：

ピンイン：

（3）私は今日授業を受けに行かなければならない。（上课 shàng//kè 動 授業を受ける）

簡体字：

ピンイン：

第10課 课外作业 Kèwàizuòyè

学籍番号　　　　　　　　　　名前　　　　　　　　　　曜日・時限

♪ B55

1. 音声を聞いて、単語を簡体字とピンインで書きなさい。

(1) 簡体字（　　　　　　　　）　ピンイン（　　　　　　　　）

(2) 簡体字（　　　　　　　　）　ピンイン（　　　　　　　　）

(3) 簡体字（　　　　　　　　）　ピンイン（　　　　　　　　）

(4) 簡体字（　　　　　　　　）　ピンイン（　　　　　　　　）

2. 日本語の意味になるよう空欄を埋めなさい。

(1) 母は私に服を一着買ってくれた。　（件 jiàn 量 衣服（主に上着）を数える）

Māma（　　　　　　　　　　　　　　　　）yí jiàn yīfu.

(2) もうすぐ新年だ。　（到 dào 動 ～に達する、新年 xīnnián 名 新年）

（　　　　）dào xīnnián le.

(3) 私は電車を乗り間違えた。

Wǒ（　　　　　　　　　　　　　　　　）diànchē.

3. 次の日本語を中国語に訳しなさい。簡体字とピンインで書くこと。

(1) 私は地下鉄で来たのです。

簡体字：

ピンイン：

(2) 李先生が私たちに中国語を教えます。

簡体字：

ピンイン：

(3) その本は読み終えました。

簡体字：

ピンイン：

第11課　课外作业 Kèwàizuòyè

学籍番号　　　　　　　　　　名前　　　　　　　　　　曜日・時限

B56

1. 音声を聞いて、単語を簡体字とピンインで書きなさい。

（1）簡体字（　　　　　　　　）　ピンイン（　　　　　　　　）

（2）簡体字（　　　　　　　　）　ピンイン（　　　　　　　　）

（3）簡体字（　　　　　　　　）　ピンイン（　　　　　　　　）

（4）簡体字（　　　　　　　　）　ピンイン（　　　　　　　　）

2. 日本語の意味になるよう空欄を埋めなさい。

（1）あなたは英字新聞を読んで理解できますか。　（英文报 Yīngwénbào 名 英字新聞）

Nǐ（　　　　　　　　）Yīngwénbào ma?

（2）彼女は今日とても綺麗なスカートを穿いている。　（裙子 qúnzi 名 スカート）

Tā jīntiān（　　　　　　　　）yì tiáo hěn piàoliang de qúnzi.

（3）こんなにたくさんの宿題は、私はやり終えることはできない。

Zhème duō de zuòyè, wǒ（　　　　　　　　）.

3. 次の日本語を中国語に訳しなさい。簡体字とピンインで書くこと。

（1）教室の中に学生が5人いる。

簡体字：

ピンイン：

（2）王先生が話す中国語は、私は聞いて分かります。

簡体字：

ピンイン：

（3）私は本を何冊か買った。

簡体字：

ピンイン：